KB095823

일본의
고古신도神道와
한韓民族민족

◉ 증산도상생문화총서 013

# 일본의 고古신도와 한민족

발행일 : 2011년 11월 11일 초판
　　　　2014년　6월 18일 초판 3쇄
글쓴이 : 김철수
펴낸곳 : 상생출판
주소 : 대전광역시 중구 중앙로 79번길 68-6
전화 : 070-8644-3156
팩스 : 042-254-9308
홈페이지 : www. sangsaengbooks.co.kr
출판등록 : 2005년 3월 11일(제175호)
ⓒ 2011, 2012, 2014 상생출판

ISBN  978-89-94295-25-1
ISBN  978-89-957399-1-4(세트)

# 일본의 고古신도神道와 한민족韓民族

김철수 지음

# ⛩ 들어가기

"자신이 태어나기 전에 일어났던 일을 모르는 것은 영원히 어린
아이로 남는 것이다."

로마의 정치가이자 학자였던 키케로Marcus Tullius Cicero의 이야기
다. 역사의 어린아이가 될 것인가? 성숙한 어른이 될 것인가? 자
신의 역사는 남이 가르쳐주는 것이 아니다. 웅장했던 자신의 역
사를 애써 부정하고 외면하려는 태도를 접할 때마다 서글픔과
절망감이 한 두번이 아니다.

우리주변의 일본과 중국은 역사교육을 강조하면서 역사의식
을 고취하고 있다. 우리 스스로가 우리 역사를 제대로 모르고 다
음 세대들에게도 알려주지 않는다면 독도 문제, 동북공정 등 역
사 현안에 어떠한 대처를 할 수 있겠는가. 역사는 박제된 과거가
아니다. 우리 조상들이 역사의 굽이굽이마다 혼신의 힘을 다해
시대와 민족을 향한 열정 속에서 오늘의 우리를 만들어 주었듯
이, 우리 스스로 우리 역사의 자긍심을 가지고 뿌리 의식과 정체
성을 확고히 할 때 내 나라 내 민족을 지킬 수 있으며 인류를 위
한 기여도 할 수 있는 것이다. 바로 역사 속에 희망이 있고 미래
가 담겨 있다. 때문에 역사를 무시하는 세대는 과거도 미래도 없
는 것이다.

최근 도쿄대 교수들이 현대 일본어의 뿌리가 고대 한국어라는 내용의 학술논문을 영국왕립회보에 발표했다. "일본어의 기원을 추적한 결과, 일본어는 한반도에서 일본 열도로 대대적인 이주가 이뤄진 기원전 200년쯤에 뿌리를 두고 있는 것으로 나타났다."는 내용이다. 그동안 일본어의 기원과 관련해 이런 주장을 한 연구자들이 종종 있었지만, 이번의 발표는 일본의 동경대 연구팀에 의한 발표이고 보니 모든 사람들을 깜짝 놀라게 한 것만큼은 사실이었다.

　　그러면 우리가 왜 일본의 고대사에 주목하는가? 결론부터 말한다면, 그것은 일본 고대사의 뿌리가 한민족에 있기 때문이다. 따라서 일본의 고대 역사를 아는 것 또한 그 뿌리인 한민족의 역사를 확인하는 사실임을 먼저 염두에 둘 필요가 있는 것이다.

　　필자는 이러한 한민족과 일본의 실타래같이 얽힌 역사를 풀어보기 위한 첫 번째 시도로 『일본 고대사와 한민족』(상생출판, 2009)을 출간한 바 있다. 이 책에서는 일본의 시원역사가 어디이며, 그들 문화의 내용이 무엇이며, 그들이 늘 자랑스럽게 내세우는 '만세일계' 왕가의 뿌리가 어디인가를 낱낱이 드러내고자 하였다.

　　이에 따라 일본의 역사와 '신도'의 머리에 있는 삼신신앙이 한민족에서 유래되었음을 밝혔고, 일본 천손강림天孫降臨 신화를

분석하여 다카마노하라高天原와 스사노오노 미고토素盞嗚尊·須佐
之男命 역시 모두 한반도와 연결되어 있음을 지적하였다. 또한 일
본 천황[1]가의 뿌리를 추적하여 그 뿌리가 백제에 있음을 밝히면
서, '일본 고대사가 한민족의 역사'이며 조선은 일본의 선생국이
라는 사실도 지적하였다.

아울러 백제의 멸망과 더불어 품게 된 일본의 한도 추적하여
일본 고대에 벌어진 역사왜곡 문제를 다루었다. 이는 한을 품은
일본이 '일본 고대사는 한민족사'라는 사실을 숨기면서 시작된
것이었다. 7세기에 이루어진 『일본서기』 등 역사서 편찬 및 왕도
王都 변경 등은 '일본 만들기'의 핵심 조치들이었다. '일본 고대사
는 한민족의 이주사'였다.

---

[1] 의미상으로는 '천황天皇'이란 용어보다 '일왕日王'의 용어가 적절하긴 하나,
여기서는 이해의 편의상 일본에서 사용하는 '천황'이란 용어를 병용하겠다.
고대 일본사회에서 천황은 제사장의 의미를 강하게 갖고 있었다. 야마토 왜에
는 소가씨, 모노씨 등 씨성제도가 있는데, 씨氏는 '우지'라 부르고 '우지'는 야
마토 정권 중심부 유력 호족의 혈연집단이다. 우지의 성원은 공동의 수호신이
자 조상신인 씨신氏神(우지가미)을 모시는 제사를 중심으로 결합한다. 우지
노가미(氏上)는 씨신의 직계자손으로, 제사올리는 제사장 역할을 한다. 야마
토 정권의 대왕(=후의 천황)은 제사장이자 정치권력을 지니고 있었다. 그러
나 다른 우지보다 압도적인 무력을 갖춘 적이 많이 없었다. 천황의 권위는 우
월한 신 아마테라스에게 제사지낼 수 있는 후손이라는 혈통에 의해 보장받았
다. 헤이안 시대에도 천황은 매일 새벽 목욕재계한 다음 신배神杯를 올리는
의례를 시행했다. 『담해譚海』에는 헤이안 시대 천황의 생활상을 이렇게 묘사
했다. "천황은 재위기간 동안 침이나 뜸 등을 뜰 수가 없었다. 또 옥체에는 쇠
붙이를 대서는 안되기 때문에 머리카락이나 손톱, 발톱이 자라면 궁녀가 이
로 잘라 끊어드리게 되어있다. 먹는 것에도 정해진 것이 있어 그 밖의 것은 바
칠 수가 없다." 제사장의 생활상이었다.

『개벽 실제상황』은 '일본 고대사의 진실은 무엇일까'라는 물음에 대해 이렇게 적고 있다. "고대 한민족은 일본열도에 문화를 뿌리내린 선진문화의 주인공이었다. 즉 한국은 일본의 정신적 조국이며 고대사의 전 과정에 걸쳐 가르침을 준 스승의 나라인 것이다. 그러니 일본은 지금 얼마나 비열하고 끔찍한 배사율背師律을 범하고 있는 것인가? 가을개벽의 정의의 칼날에 의해 단호히 바로잡혀야 할 너무도 큰 불의의 표본이 아닐 수 없다"[2]라고. 오늘날 일본의 역사왜곡 행위는 역사의 근본을 뒤집는 배은背恩의 행위이며, 바로잡혀야 할 불의라고 경고한 것이다.

이 책은 『일본 고대사와 한민족』 후속편인 셈이다. 한민족과 일본의 고대사에서 또 한 가지 알아야 할 내용이 신교神教문화와 관련된 내용이다. 신교는 인류문화의 모태이자 시원종교Ur-religion로서 전 인류 보편의 생활문화이다. 뿐만 아니라 고조선 이전의 상고시대 이래로 한민족이 국교로 받들어 온 생활문화이기도 하다.

> "동방의 조선은 본래 신교神敎의 종주국으로 상제님과 천지신명을 함께 받들어 온, 인류 제사 문화의 본고향이니라."(『도전』 1:1:6)

하지만, 신교문화는 유교·불교·서교(기독교) 등 외래 종교 뿐만

2 안경전, 『개벽 실제상황』, 대원출판, 2005, 177-178쪽.

아니라 중국과 일본의 역사왜곡이라는 불의의 칼날에 잘려 나감으로써 그 존재 자체가 힘든 처지가 되어 버렸다. 경우에 따라서는 그 내용이 변질되어 부분적으로 샤머니즘의 형태로 남아있을 뿐이다. 그러나 다행스럽게도 한민족 혼의 원형이자 뿌리인 삼신하나님의 신교문화의 흔적은 고대사회에서 제천문화祭天文化 형태로 찾아볼 수 있고, 오늘날까지도 그러한 유습이 전해지고 있는 것이다.

중국인들은 고대부터 동이족東夷族의 역사와 풍속을 적을 때 빠지지 않는 것이 하늘에 대한 제사[天祭]와 가무새신歌舞賽神에 관한 기록이다. 남조南朝 송宋의 범엽范曄(398∼446)이 편찬한『후한서後漢書』'동이東夷열전'은 2000여 년 전 부여·고구려·동옥저·예·삼한 등 우리 선조들의 모습을 적은 것이다.

그 책 예濊조에는 "항상 10월이면 하늘에 제사를 지내는데, 밤낮으로 술 마시며 노래 부르고 춤추는데(晝夜飮酒歌舞), 이를 무천舞天이라고 한다"고 했다. 또 한韓조도 "항상 5월이면 농사일을 마치고 귀신에게 제사를 지내는데, 밤낮 술자리를 베풀고(晝夜酒會), 모여서 노래하고 춤춘다(群聚歌舞)……10월에 농사를 끝낸 후에도 이같이 한다"고 적고 있다.

이런 신교문화의 유습이 고대 일본열도에도 전해졌다. 일본의 고대 신화와 일본민족의 중심 종교인 '신도神道'를 살펴보면, 우리는 어렵지 않게 신교의 흔적을 찾아볼 수 있게 된다. 일본문화의 뿌리가 한민족에 있음을 알 수 있는 근거들이다.

"신도神道는 제천祭天의 고속古俗." 동경대 교수 구메 구니다케가 필화사건을 일으킨 글 제목이다. 필자는 이를 토대로 "일본의 고古신도는 신교의 흔적이다."라고 보았다. 뿐만 아니라 일본열도에는 아직도 그러한 신교의 모습이 신궁·신사에 잔존하고 있는 것이다. 한국이나 중국사회가 식민지 경험이나 근대화 및 사회주의 사회건설 명분 때문에 신교의 모습들이 일소되어 버렸다면, 일본사회에서는 비교적 여건이 좋은 편이었다. 메이지 정부의 왕정복고, 신사정리 정책 등은 전통의 보전에 부정적인 측면들도 있었지만, 일본열도로 전해진 신교의 모습들은 어느 정도 보존하는 측면도 있었던 것이다.

일본열도에는 이처럼 신교의 흔적이 남아있을 뿐만 아니라, 또 고대 한민족의 흔적들도 여기저기 흩어져 있다. 특히 큐슈지역이나 오사카·나라 지역 그리고 이즈모 지역은 그 핵심적인 지역들이다. 영국 빅토리아 시대의 작가 체스터톤G. K. Chesterton은 "영국 내에 로마유적이 있는 것이 아니라 영국은 로마의 유적이다"라고 했다. 마찬가지이다. 일본열도 내에 한민족의 흔적들이 있는 것이 아니라 일본열도는 한민족의 유적인 것이다. 이 글은 기행문의 성격을 갖고 있다. 일본의 여러 지역에 남아있는 한민족

# 주요답사 지역

**시마네현 이즈모 지역**

① 이즈모 대사出雲大社 및 이즈모 역사박물관
② 히노미사키 신사日御崎神社 및 등대燈台
③ 옥작玉作曲玉자료관
④ 아다찌 미술관足立美術館

히노미사키신사
②
島根県
広島県
松山
愛媛県

山口
山口県

広島

松江
①

대구
울산
원주
부산
거제

후꾸오카 공항
福岡
佐賀県
佐賀
②
福岡県
長崎県
長崎
熊本
熊本県
大分
大分県

다카치호신사
⑤
④ 난고손
사이토바루 고분군
③
宮崎県
가라쿠니다케
宮崎

다카치호봉
⑩

鹿児島
⑨
환단신사

**큐슈 지역**

① 규슈九州국립박물
② 요시노가리吉野ヶ
③ 사이토바루 고분
④ 난고손南鄕村
⑤ 다카치호 신사
⑥ 수관도원壽官陶苑
⑦ 환단桓檀신사
⑧ 고려마을, 고려교
⑨ 선암원仙巖園
⑩ 가고시마 신궁

킨키(칸사이) 지역

① 나라지역
② 오사카지역
③ 교토지역
④ 쿠마노지역
⑤ 이세신궁

의 흔적들을 찾아보기 위한 목적을 띠고 둘러보고 난 뒤 써내려 간 글이기 때문이다. 원래 답사는 큐슈 북부에서 시작하여 중부 의 난고손, 그리고 사이토바루 고분군을 거쳐 남부의 가고시마 에 도착하여 쿠마소 유적과 옥산신사를 둘러보았다. 그리고는 여기서 다시 고베로 가 하루를 머물다가 이즈모로 가서 이즈모 대사와 히노미사키 언덕 일대를 돌아보았다.

하지만 이 글의 순서는 이와는 정반대의 흐름을 따랐다. 순서 를 완전히 뒤집어 기술해본 것이다. 이는 특별한 이유가 있어서 그런 것이 아니라, 다만 일본의 정신문화의 본체인 신도를 먼저 다룰 필요가 있기 때문에 그런 순서를 택한 것일 뿐이었다.

따라서 이 책은 고대 한민족과 관련된 주제들을 중심으로 3부 로 구성되었고, 일러두기를 포함하여 모두 열다섯 개의 장으로 이루어졌다. 1부는 '일본의 고신도는 신교의 모습'을 주제로 이 즈모 지역에 남아있는 신교의 흔적들을 정리하여 보았다. 2부는 '일본열도와 고조선의 흔적들'이라는 주제로 큐슈지역 일대에 남 아있는 고조선의 흔적들과 단군왕검을 모신 신사에 관한 내용 을 다루었다. 마지막으로 3부의 주제는 '큰 나라 백제와 고대 일 본'이다. 큐슈의 미야자키현에 있는 백제의 마을 난고손과 사이 토바루 고분군을 둘러보고 난 뒤 큰 나라 백제와 고대의 야마토 왜의 관계를 살펴보고 적은 내용이다.

참된 진리에 접근하기 위해서는 '성성醒醒하고 올바른 역사의식'이 반드시 필요하다. 역사의 흐름을 정확히 알고, 역사적 값어치가 있는 일을 뜻 있게 붙잡는 것이야 말로 올바른 역사의식이다. 올바르고 성성한 역사의식! 겨레의 어미강(母江)과 그 올바른 물줄기들을 찾는 일이다. 연어는 이 물줄기를 좇아 어미강으로 돌아가려 한다. 그런데 어느날 물줄기가 둑에 막혀버린다면? 역사의 물줄기를 막아선 둑, 우리를 막아섰던 둑은 사대주의와 식민사관 그리도 일본 땅의 수구세력들이었다. 그 옹벽이 있어 어미강은 아예 연어들이 찾을 수 없는 강이 되어 버렸다. 어째서 이토록 절박한 마음을 품게 되었을가? 한민족의 찬란했던, 잊혀진 역사의 물줄기를 되돌려 놓으려는 먼 길이다. 간혹 길을 잃을지라도 신교 정신의 원류를 찾겠다는 열정을 지니고 있다면 그 의미는 창대한 것이다.

차례

*Chapter 1*

# 일본의 고古신도는
# 신교의 모습

이즈모대사 전경

# 1. 신들의 고향, 이즈모

## ⛩ 이즈모를 찾아서

하늘에 구름조차 잘 보이지 않는 쾌청한 날씨였다. 이른 아침, 이틀 동안 머물렀던 고베(神戸)를 출발하여 오사카(大阪)의 이타미(伊丹) 공항에서 비행기에 올랐다. 시마네현(島根縣) 이즈모(出雲)로 가는 보기에도 좀 낡은 36인승 소형 프로펠러 비행기였다. 이렇게 작은 비행기를 타보긴 한 30여년 만에 처음이었다. 때문에 나 혼자만이었을까? 속으론 내심 불안했다. 아니, 생각해 보면 불안한 마음과 그동안 오매불망 기다려왔던 이즈모로 향하는 흥분된 마음이 뒤섞인 것인지도 모르겠다.

시마네현은 일본열도의 혼슈(本州)의 서북단에 한반도와 가까이 위치한 지역이다. 그래서 이 지역은 한국 영토인 독도가 자기들 땅이라는 망발을 자주 하여 참으로 우리를 불편케 하는 악연을 가진 지역이다. 아직도 시마네현의 현청 소재지인 마쓰에시(松江市)에 가면

이즈모공항의 모습

독도문제를 왜곡하는 발언들을 서슴치 않는 현장을 볼 수 있다. 과거 자신들이 저지른 역사를 부끄러워할 줄 모르고, 국가간의 예의를 모르는 패악무도한 모습이다.

그러나 오늘 이곳을 탐방한 목적은 고대 한반도로부터 전래된 신교神敎의 흔적을 찾기 위해서다. 시마네현 이즈모 지역은 말 그대로 '일본 섬나라의 뿌리'[島根]가 된 곳이며, 일본 신화가 출발하는 지점이다. 일본의 신화시대는 우리의 신라시대에 해당하며, 이즈모 신화는 큐슈의 천손강림天孫降臨 신화보다도 시기적으로 앞선 내용을 담고 있다. 따라서 이즈모(出雲)는 수많은 신화의 무대가 되고 있어 '신들의 고향' '신들의 수도' '신화의 나라' '구

【시마네현島根縣】시마네현은 동쪽에 이웃한 돗토리 현에 이어 일본에서 두 번째로 인구가 적은 현이다. 2005년 시마네 현 의회가 독도의 역사를 왜곡해 다케시마의 날을 제정하자 경상북도는 시마네 현과의 관계를 단절했다.

(좌)시마네현청에세워진 독도왜곡 광고탑
(우)국도변에 세워진 독도왜곡 광고탑

름의 나라' '하늘의 나라'라 불린다. 그리고 여기는 신교의 유습이 신라를 거쳐 일본열도로 흘러들어 간 곳이다.

## 开 이즈모는 해뜬마을

그러면 이즈모 곧 출운出雲은 무슨 뜻일까?

구름은 천상에서 신이 타는 수레로, 물[水]과 불[火]이 합해져 형성된 조화造化이자 신이 타는 마차를 뜻한다. 때문에 구름은 변화무쌍하게 형태를 바꿈으로써 항상 무슨 일이 일어나기 전에 하늘에서 천상의 신들이 보여주는 징조가 되고 있다. 따라서 '구름이 일어났다'(出雲)는 것은 바로 천상의 신들이 모습을 드러냈음, 곧 이곳으로 도래했음을 보여주는 표징인 것이다.

이즈모대사의 위치를 알리는 교통표지판

그런데 이 출운을 '이즈모'라 읽는다. 무슨 뜻일까? 단순히 '이쯔'(出づ)와 '쿠모'(雲)의 합성이라 보기엔 석연치 않은 감이 없지 않다. 그렇다고 일부의 주장처럼, 한국어 '잇지마'의 변형이라고 보는 것은 너무 견강부회하는 감이 없지 않고. 일본내에서도 이즈모에 대해서 아이누어설, 희랍어설, 중국어설, 남

양어南洋語설 등 의견이 분분한 실정이다.

한 예로 아이누어설은 이즈모 신화와 관련된 스사노오노미코도素盞嗚尊가 이곳으로 오기 전, 앞서 이곳에 살았던 아이누족에 의하여 붙여진 지명이라는 주장이다. 곧 이즈모(出雲)를 '岬(곶, cape)'을 뜻하는 아이누어 etu-moi에서 온 것이며, '곶'은 '산허구리(山脅), 또는 육지가 바다나 호수 또는 들에 돌출한 산'을 말한다. 이 설에는 여러 학자들이 동조하면서 제법 설득력을 가졌다고 알려져 왔다.❖

그러나 이즈모는 분명히 고대 한국 말이다. 곧 이는 일월향日月鄕과 관련된 말이었던 것이다. 우리 고어를 보면 마을(里, 鄕)을 'ᄆᆞᄉᆞᆯ'이라 했다. 이 ᄆᆞᄉᆞᆯ의 어근이 'ᄆᆞᆺ'(조어형祖語形이 몯)이고 이는 땅(地)·흙의 뜻을 지니고 있다. 용비어천가에서는 산山을 '모로'라고도 했다. 해는 15세기에 ᄒᆡ(日)로 표기했는데 'ᄒᆞ이'가 준말이며, 혼>홀아>ᄒᆡ로 변한 것이다.❋ 따라서 이즈모는 'ᄒᆡ 뜰(뜬) ᄆᆞᆺ' 곧 '해 뜨는(뜬) 마을'을 뜻한 것으로 본다. '뜨다'의 고어는 'ᄠᅳ다'였고 원형은 'ᄃᆞ

❖ 이병선, 『일본고대지명연구』, 아세아문화사, 1996, 30-37쪽 참조.

❋ 서정범, 『국어어원사전』, 보고사, 2003.

포항 영일만에 있는 일월사당.

다', 어근은 '드'였다.

왜 이 지역이 '해 뜬 마을'인가? 이곳은 바로 신라시대 포항지역의 일월향日月鄉에서 사람들과 신교문화가 일본열도로 건너가 뿌리내린 지역이기 때문이다. 따라서 말을 바꾸면 해뜬마을인 이즈모는 '신이 나타난 마을', '신이 모습을 드러낸 마을'이라는 뜻을 지니고 있다. 이런 사실은 이 글을 읽어 나가다 보면 확연히 깨닫게 될 것이다. 그런 연유로 이곳에는 '일본의 태고로부터의 신앙, 신도의 가장 오래된 신사'라고 불리는 이즈모 대사出雲大社가 세워져 있다.

이즈모의 비밀! 이즈모는 이번 탐방에서 내가 확인하고 싶은 내용들이 널려있는 곳이다.

## 兀 동북아의 뿌리문화, 신교

그러면 먼저 간략하게나마 신교神教 Spirit or God Teaching가 무엇이며 그것이 어떻게 역사속에서 드러나왔는가를 살펴볼 필요가 있다. 그래야만 일본열도에서 신교의 흔적을 찾는데 유익할 것이다.

고대 동북아에는 인류의 시원종교, 모체종교인

【삼신상제】 이맥의 『태백일사』「소도경전본훈」에는 우주의 주재자를 '삼신상제'라 부르는 이유에 대해 "대우주 자연의 변화정신이 현실세계에서는 3수 원리로 나타나며, 이러한 삼신의 창조원리를 상제가 주재하여 세계를 통치하기 때문이다.(三神卽一神上帝)"라 하였다. 이러한 삼신의 창조신성은 그 후 고려시대 행촌 이암에 의해 조화신造化神, 교화신敎化神, 치화신治化神으로 체계화 되었다. '상제'는 동방 신교에서 약 6천 년 전부터 불러온 '하나님의 본래호칭'이다. 이는 지난 수천여 년의 장구한 삼신신앙의 역사속에서 체험적으로 생성된 언어이다. 그러나 상제신앙을 단순히 종교적 개념으로 이해하는 것은 너무도 좁은 안목이다. 왜냐하면 상제신앙에서 정치와 종교, 교육과 예술 등 모든 인류문화가 잉태되었기 때문이다. 이러한 상제문화를 대표하는 것이 바로 소도를 중심으로 한 천제天祭문화이다.

신교가 있었다. 이러한 신교는 문자 그대로 본다면 삼신상제[The God 神]의 가르침[Teaching 敎]이다. 그리고 동북아의 뿌리문화이자 문화원형이었다. 곧 신교는 삼신상제와 천지신명을 받들고 신의 가르침에 따라 사는 고대 동북아 사람들의 생활문화였던 것이다.

> 동방의 조선은 본래 신교神敎의 종주국으로 상제님과 천지신명을 함께 받들어 온, 인류 제사 문화의 본고향이니라.(1:1:6)

이 신교는 한민족의 삼성조[환인·환웅·단군왕검] 시대를 거치며 이어져 내려왔다. 이에 따라 고대 한민족은 10월 상달에 제천祭天 행사를 열어 삼신상제와 천지신명, 그리고 선령신들을 받들어 왔던 것이다.

제천은 삼한의 옛 풍속이고, 그 제천의 장소가 '소도蘇塗'였다. 부여의 기록으로 본다면, '소도'는 곧 고대 종교적 성소였다. 『삼국지三國志』「위지 동이전魏誌東夷傳」 '마한조'에 의하면, "마한은 신을 믿으므로 국읍國邑마다 각기 천군天君 한 사람을 세워 천신天神께 제사를 드린다. 또 나라마다 별읍

【삼성조와 천제】역사관이 분명해져야 한다. 우리 스스로 역사를 연장시키려는 노력없이, 우리역사를 고조선도 아닌 삼국시대부터 시작하는 것은 안타까운 현실이다. 없는 역사를 만들려는 것이 아니라 있는 역사도 애써 부인하려는 작태인 것이다. 천제는 신교의 핵심의례이다. 축제의 풍류가무는 신명에 접하려는 행위이며, 일본의 마쯔리, 동학의 검무 등은 모두 천제의 유습인 것이다.

이 있으니 이름을 소도라 하고, 큰 나무를 세워 방울과 북을 달고 귀신을 섬긴다"고 하였다("信鬼神, 國邑各立一人主祭天神, 名之天君, 又諸國各有別邑, 名之爲蘇塗. 立大木, 縣鈴鼓, 事鬼神").

별읍, 곧 소도는 종교적 중심지로 신성시된 영역이었다. 그것은 종교 수도적 의미를 지닌 지상신전이었던 것이다. 이 소도에는 큰 나무가 있었고, 여기서 신을 모시고 받들었다. 이것은 바로 소도제천蘇塗祭天 행사였다. 『환단고기』「삼신오제본기」를 보면, 삼한의 고유한 풍속인 소도제천 행사에 대한 기록이 있다. '삼한의 옛 풍습은 모두 10월 상순에 나라 전체의 큰 축제를 여는데, 이때 둥근 단(圓壇)을 쌓아 하늘에 제사(祭天) 지내고 땅에 제사를 지낼 때는 이를 네모지게 쌓았다(方丘). 제천할 때는 임금(韓)께서 반드시 몸소 제사 지내시니, 그 예가 매우 성대하였음을 가히 알 수 있다. 이 날에는 원근의 남녀가 생산한 것을 제단에 바치고, 북을 치고 나팔을 불면서 온갖 놀이를 즐겼다. 주변의 여러 소국들이 일제히 와서 지방의 특산물과 진귀한 보물을 바쳐 둥글게 산처럼 쌓아놓았다. 백성을 위해 기원하는 일이 곧 관경管境을 번영케 하는 것이다. 그리하여 소도에서 올리는 제천(蘇塗祭天) 행사는 바로 구려九黎(동이 한민족—필자) 교화敎化의 근본이 되었다.'

신라 때는 이곳을 신궁神宮이라 했다. 이 신궁이 일본의 신사·신궁의 모체가 된 것이다. 『삼국사기』에 신궁설치에 대한 최초의 기록이 보인다. '신라본기'의 소지마립간 9년(487)의 내용이다. "신궁을 나을에 설치하였다. 나을은 시조께서 처음 사셨던 거처이다."(置神宮於奈乙, 奈乙, 始祖初生之處也) 신라의 시조인 박혁거세가 태어나 살았던 곳(나을)에 신궁을 짓고 제사를 지냈다는 기록이다. 『화랑세기』에도 "우리나라에서는 신궁을 받들고 하늘에 대제를 행했다."(花郎耆仙徒也, 我國 奉神宮 行大祭于天)고 했다. 신궁의 신격은 최고신인 천신天神이었고, 곧 삼신 상제를 모시고 천제를 지내는 종교적 성소였던 것이다.

그러나 왕조가 바뀌고 역사정신이 퇴락하고 사람들이 경건심을 상실해 버리면서 점차 그 명맥이

신사의 정문 모습. 큐슈의 텐만궁의 정문으로 많은 사람들이 드나 들고 있다.

희미해져 버렸다. 근대에 들어서면서 신교는 아예 자취조차 찾아보기 어렵게 되었다. 신교의 모습이 거의 파괴되어 버렸기 때문이다. 서글픈 일이었다.

왜 이렇게 되어 버렸을까. 고려와 조선시대에는 불교와 성리학 등이 활성화되면서 신교가 제 힘을 발휘하지 못했는가 하면, 일제강점기에 들어와서는 일본이 자신들의 정신적 신앙인 신도神道를 이식하기 위해 이 땅에 남아있던 신교의 유습을 미신으로 치부해 엄금해 버렸기 때문이었다. 더욱이 해방 후에는 1960년대 경제개발이 시작되면서, 새마을 운동이라는 명목으로 미신타파를 내세워 신교의 흔적은 아예 그 뿌리조차 사라져 버렸던 것이다.

주변국인 중국에서도 사회주의 정권이 들어서면서 신교의 유습들이 사라져 버렸다. 그러나 일본열도에서는 잔존하고 있었던 것이다. 신교의 흔적은 일본열도에서 종교 아닌 종교 '신도'란 이름으로 남아 있었다. 대륙에서 반도를 내달리다가 바다를 건너 섬, 곧 일본열도로 들어간 문화. 신교문화는 거기서 사라지지 않고 모양을 바꾸면서 흔적을 남겨왔던 것이다. 어쩌면 섬이라는 지정학적 조건이 신교문화의 보존을 가능케 했던 것일 수도 있다.

## ⛩ 숲에 둘러싸인 일본의 신사

이런 저런 생각에 잠겨있는 동안 비행기는 이즈모 공항에 무사히 내렸다. 도착시간이 점심 때가 되었기 때문에 시간을 절약하기 위해, 오늘 볼 예정인 이즈모 대사 근처에 있는 식당으로 향했다. 이즈모 대사 근처로 오자, 이즈모 대사 위로 펄럭이는 대형 일장기가 보였다. 특이한 광경이었다. 왜 신사에 저런 대형 일장기를 내걸었을까? 뭔가 한반도와의 연결 흔적을 미리 차단하고 일본인의 마음, 일본 왕실과 연결지으려 애를 쓰는 것은 아닐까 라는 측은한 생각이 들어 이즈모 대사를 들러보기도 전에 씁쓸한 느낌이 들었다.

오늘날 일본을 여행하다 보면 곳곳에 울창한 숲에 둘러싸인 신궁神宮·신사神社를 보게 된다. 현

【신궁 · 신사】신궁 · 신사는 일본신도의 터전이다. 이 신궁은 한민족의 소도→히모로기→신궁으로 변해온 것이다. 이즈모대사가 그 전형적인 예이며, 현재 일본 신도의 위계구조에 정점頂点에 있는 것이 이세신궁이다.

이즈모대사에 내걸린 대형 일장기. 뒤에 보이는 산이 신체산인 야쿠모(八雲)산이다.

재 일본 전역에는 12만 내지 14만 여개의 신사가 있으며, 더욱이 아직도 계속 만들어지고 있다. 일본의 신도는 이러한 '신궁'·'신사'를 터전으로 한다. 신궁이나 신사는 신단이 있는 곳으로, 신사는 원래 '신神의 사社(야시로)'로 신을 모신 곳이라는 뜻이다.

【만엽집[만요슈]】8세기에 편찬된 현존하는 일본 최고最古의 노래책[歌集]. 20권 4,520여 수가 들어있으나 해독에 있어 아직도 불분명한 점이 많이 남아있다. 이를 향가 이두식으로 읽어야 한다는 주장도 제기되고 있다.

한국의 이두와 같이 한자를 이용하여 만든 만요가나(萬葉假名)로 쓰여진, 일본에서 가장 오래된 노래집인 『만엽집萬葉集』에서는 杜, 森, 社, 神社를 모두 '모리'(森)라 읽었다. 신사를 모리(森 또는 社) 곧 '숲'으로 본 것이다. 이는 고대 일본인에게 숲 곧 삼림이란 신들의 영이 깃든 신성한 영역으로 사람이 함부로 들어가서는 안되는 곳이라고 생각했음을

멀리 보이는 미와산과 오오미와신사. 미와산은 오오미와신사의 신체산이다.

뜻한다.

그 한 예로 일본 초대국가인 야마토 왜가 자리 잡았던 나라 지방에 세워진 오오미와 신사(大神神社)에는 신체神体를 제사하는 본전本殿이 없다. 대신에 신사 뒤편에 신성시되는 미와산(三輪山)이 자리하고 있는 것이다. 이처럼 신사를 둘러싼 숲을 이룬 신성시되는 산을 신체산神体山이라고 한다. 일본의 대표적인 이세신궁(伊勢神宮)의 가미지산(神路山), 나라의 가스카 대사(春日大社)의 미가사산(三笠山) 등도 바로 그러한 예이다. 오늘날 일본의 유명한 신궁·신사를 보면 주변에 큰 나무들이 숲을 이룬 이유도 그 때문이다.

【오오미와신사】 나라현에 있는 야마토(大和) 최고最古의 신사로, 삼륜사三輪社로도 불려진다. 제신祭神은 이즈모를 본거로 한 오오쿠니누시노가미大國主神이다.

【이세신궁】 이세신궁은 일본신도의 최고 정점에 있으며, 일본황실의 조상신인 天照大神(아마테라스오미가미)을 제사하는 황대신궁皇大神宮(內宮)과 豊受大神(도요케노오미가미)을 제사하는 풍수대신궁(外宮)을 중심으로 별궁別宮·섭사攝社·말사末社·소관사所管社 합해 125社를 총칭한다.

이즈모대사옆 식당.

【가스카대사】나라현의 동대사東大寺 동남에 진좌한 신사로, 나라 시대에 창건되어 후지와라 가문의 사원으로 발전하였다 이곳의 신찬神饌이 한국 고대식古代食이었다고 추정하는 연구들이 있다.

오오미와신사.
삼주도리이가
독특하다.

# 2. 일본 최고最古의 신사, 이즈모 대사

## ⛩ 신령스러운 야쿠모산(八雲山)

이즈모 대사는 아마테라스를 제사하는 이세신궁과 함께 일본의 2대 신사이다. 다른 사람들은 동의하지 않을지 모르나, 나는 그렇게 생각한다. 그리고 3대 신사를 들라하면, 이 양대 신사에 오오미와 신사를 추가하고 싶다. 특히 그 중에서도 이

이즈모대사 본전의 모습. 본전 뒤가 야쿠모산이다.

즈모 대사는 일본신사의 원형을 간직한 가장 오래된 신사이다. 이러한 이즈모 대사 역시 숲과 산으로 둘러싸여 있다. 이즈모 대사의 신체산은 신사 뒤편에 있는 야쿠모산(八雲山)이다.

때문에 점심식사를 마치고 난 뒤에 먼저 이즈모 대사의 신체산인 야쿠모산을 찾아보았다. 그러나 주변 사람들에게 물어 보았으나 어느 산인지 잘 모르겠단다. 신사의 본래 설치 의미를 모르는 사람들로서는 당연히 관심이 없는 일일 것이다. 오히려 그들로서는 신체산을 찾는 사람이 이상하게

이즈모대사의 도리이와
표지석 앞의 필자.

보였을 터이다. 조금 시간이 지난 뒤에 연세가 지긋하신 분이 나타나서야 대형 일장기 뒤로 보이는 산이 야쿠모 산임을 확인해 주었다. 그 왼쪽이 쯔루산(鶴山 학산), 오른쪽이 가메산(龜山 거북이산)라고 했다.

그리고 나중에 이즈모 대사의 보물전에 들렀을 때, 옛 지도에서도 야쿠모 산의 존재를 확인할 수 있었다. 내친 김에 보물전 관리자에게 왜 '팔운八雲이라 했는가'라고 물어보았다. 그러자 '팔'(8)은 일본에서 가장 많이 쓰이는 수이며, 일본인들이 가장 좋아하는 수라 했다. 그리고 구름은 매우 높고,

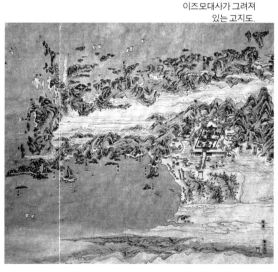

이즈모 지역과 이즈모대사가 그려져 있는 고지도.

변화무쌍하여 그 속을 알지 못하고 신령스러우며 비를 내려준다고 했다. 일견 그럴 듯한 설명이었다. 때문에 일본의 고대 신화를 보면 '팔'과 관련된 용어가 많이 나온다. 팔백만 신八百

萬神(야요로즈노가미), 삼족오를 뜻하는 야타가라스 (八咫鳥), 일본의 삼종의 신기 중 하나인 야타노가 가미(八咫鏡) 등 '팔'은 신령스럽고 가장 큰 수로 여겨졌다. 이처럼 '팔'은 구름과 함께 조화를 부리고 신선문화를 상징하는 수였던 것이다.

또한 보물전 관리자는 야쿠모 산이 주위의 학산(鶴山), 거북이산(龜山)과 더불어, 다른 말로 헤비산(뱀산)이라 말한다고 알려주었다. 뱀산! 일본신화에서 뱀은 용을 뜻한다. 이 뱀과 용의 문제는 이즈모 신화에서 흥미롭기 때문에 뒤에서 다시 살펴보고, 여기서는 다시 신궁·신사에 대한 설명으로 돌아가 보겠다.

그러면 신교의 신궁·신사가 어떻게 한반도에서 일본으로 전해져 성스러운 숲[신체산]을 지닌 신도神道가 되었을까? 일본의 역사기록에서 그 흔적을 찾아보자.

## 鳥 일본열도로 전해진 '곰 신단'

일본의 본격적 문화를 연 조정이 야마토 왜(大和倭)였다. 이 야마토 왜가 기틀을 쌓기 시작한 11대 수인왕垂仁王 때였다. 기록에 의하면, 이 때 신라

【야마토 왜】『일본서기』를 보면 신대神代를 거쳐, 1대왕인 신무神武왕으로부터 14대 중애仲哀왕까지 나오고 다음 15대 응신왕이 집권하여 일본 최초의 고대국가인 야마토 왜를 세웠다 했다. 야마토왜는 응신으로부터 시작하여 25대 무열왕까지 11명의 왕이 있었다.

에서 왕자 아메노히보코(天日槍)가 무리를 이끌고 일본으로 왔다고 한다.

아메노히보코의 이야기는 이렇다.

'신라에 아구누마라는 늪이 있었고, 여기서 태양의 빛으로 음부를 자극받은 여성이 붉은 옥玉을 낳았다. 이것을 어떤 남자가 탈취하였고, 우여곡절 끝에 이 옥은 신라의 왕자 아메노히보코의 손에 건네졌다. 아메노히보코가 곁에 두자 이 옥은 아름다운 을녀乙女로 변했고, 왕자는 이

이즈모대사의 전경.

여성을 부인으로 삼았다. 그러나 날이 갈수록 아메노히보코는 방약무인해져 갔고, 부인은 도망하여 왜국으로 건너가 버렸다. 아메노히보코는 부인을 좇았으나, 부인이 향한 나니와(難波. 지금의 오사카 지역)에 이르지 못하고 서로 다른 곳에 살게 되었다.

아메노히보코는 이 때 7개의 신물神物을 갖고 도래했다. 그 중에는 옥과 칼과 거울, 그리고 '곰(熊)의 히모로기(神籬)'가 있었다. 앞의 세 가지는 일본 왕실이 보물로 여기는 '세 가지 신의 물건'[三種의 神器]이었다. 아직도 왕위 계승 의례를 행할 때면 다음 왕에게 전달되고 있는 것이다.

여기서 그보다 중요한 것은 '곰의 히모로기'였다. '곰'[熊]은 한민족과 관련이 깊은 토템임은 주지의 사실이다.

그러면 히모로기(神籬)는 뭘까?

20세기 초반 한국의 민속학자였던 이능화李能和(1869-1943)는 '히'는 '해'이고 '모로기'는 '모퉁이(方隅)'라 했다. 산모퉁이를 산모로기라 한다. 따라서 '모로기'는 '알지 못하고'(不知), '보지 못하고'(不見), '거리껴 숨는다'(忌避)는 의미로 쓰였다. 그에 의

【삼종의 신기】삼종의 신기란 일본의 신화에 등장하는 것으로, '쿠사나기의 검'과 여신 아마테라스의 몸을 상징하는 '야타의 거울'과 영혼의 정수로 여겨지는 '야사카니의 곡옥'을 지칭한다.

【히모로기】달리 '신이 머문 곳'으로 풀 수도 있다. '히'는 '해'이고 '모로기'는 '모로기 있다' '머들'에서 보듯이 '머무는 곳'이란 의미를 갖기 때문이다.

【이능화】구한말. 일제시대의 국학자. 한때 농상공부 주사로 있었으나 신학문에 뜻을 두고 관직을 떠나 1904-1909년 외국어학교에서 교편 역임. 영·불·중·일 4개 국어에 통달하였다. 1922년부터 1938년까지 16년간 조선사편찬위원회 편수위원을 지내면서 방대한 저술을 남겼다. 주요 저서로는 『조선여속고』『조선무속고』『조선불교통사』『조선도교사』『조선신사지』『조선기독교급외교사』등 많은 저작과 논문들이 수많이 있다.

하면 해모로기는 웅녀가 신단굴에서 햇빛을 기피했던 고사에서 나온 것이라 보았다.

일본신화에서 히모로기를 보면, 초대 신무왕이 산에 올라 단을 설치하고, 사카키(榊, 비쭈기나무)를 세워 신에게 제사를 지낸데서 그 모습을 찾을 수 있다. 이것이 히모로기였다. 무성한 나무의 숲으로 신을 숨긴 것이다. 바로 앞서 말한 신체산이었다. 그래서 일본에서는 옛날에 신사에 사전社殿이 없었고 수풀속에 신이 있다는 관념에서 큰 나무를 대상으로 제사지냈다. 이 때 히모로기는 신단, 신령을 제사지내는 제단이었던 것이다. 또한 그 신단에 있는 큰 나무였다. 곧 신단수神壇樹였던 것이다.

이처럼 단壇에 나무가 있음은 역사가 오래되었다. 단군왕검이 신단수 밑으로 내려왔고, 앞서 보았듯이 마한의 소도에도 방울과 북을 매단 큰 나무가 있었다.

그 '곰 신단'이 오늘날 일본의 정통왕조인 야마토 왜로 건너간 것이다. 그래서 이능화는 "히모로기는 본디 조선 물건"이라 했고, 미야자키 미치사부로(宮崎道三郎) 같은 학자도 '히모로기는 조선에

【신무왕】일본 왕가의 초대 왕(BCE 660-BCE585)으로, 부친이 히고나기사다게우가야후기아헤쓰노미고토(彦波瀲武鸕鶿草葺不合尊)이다.『환단고기』에는 "BC723년 단제께서 장군 언파불합彦波弗哈를 보내 바다의 웅습熊襲을 평정하였다."는 기록이 있다. 또 "BC667년 협야후배반명俠野侯 裵幋命을 보내 바다의 도적을 토벌케 하였다. …삼도三島가 모두 평정되었다."고 하여 신무왕을 협야존狹野尊으로 추정 가능하고, 이는 신무왕이 큐슈에서 야마토 지역으로 이동하는 동정東征내용으로 볼 수 있다. 그러나 일본역사에서 1대부터 9대 개화왕開化王까지를 통상 가공의 역사로 보는 것이 보통이다.

서 가져온 것'이라고 했다. 히모로기는 신단을 모신 옛 조선의 소도이자 신단수였던 것이다.

고대 일본에서 히모로기는 신령이 머무른다고 여겨진 산이나 나무 둘레에 대나무 등의 상록수를 심어 울타리를 친 곳이었다. 곧 이는 후대 일본 곳곳에 세워진 신궁·신사의 원형이 되었다. 때문에 지금도 신사에 신을 모신 신전을 보면 신을 대신한 삼종의 신기 중 하나인 거울 등이 있고, 그 옆에는 히모로기가 함께 있는 모습을 볼 수 있다.

그러면 이러한 '곰 신단'을 일본으로 갖고 온 신라왕자 아메노히보코(天日槍)는 누구였을까? 『일본서기』에 신라 왕자라고 기록되어 있으니 신라에서

도래했음은 분명한데, 그 실체를 알기가 매우 어렵다.『삼국사기』나『삼국유사』등의 기록에는 그러한 이름을 가진 왕자가 없다.

다만 오사카대학 사학과 명예교수인 나오키 코지로(直木孝次郎)의 지적에서 그 실마리를 찾아볼 수 있을 뿐이다. 그는 "아메노히보코를 그런 이름을 가진 한 사람의 인물로 여겨서는 안될 것이다. 아마도 창이나 검으로 신을 받드는 종교, 또는 창이나 검을 신으로 삼는 종교를 신봉한 집단이 한반도, 특히 신라로부터 도래했던 것"이라 했다. 아메노히보코를 개인의 이름이 아니고 '신단(수)'을 가진 종교집단의 도래로 보았던 것이다.

(좌)이즈모대사 입구에 있는 사자래석石. 마치 시멘트처럼 서로 단단하게 엉켜 붙어 있다. (우)사자래석石 안내표지판.

# ㅠ 신라에서 이즈모로

앞에서 보았듯이 신라는 고래로부터 신궁을 설치하여 천신天神을 받들고 있었다. 아메노히보코가 부인을 좇아 신라에서 출발하여 일본의 어느 곳을 다녔는가는 논란의 여지가 많다. 하지만 그가 신들의 땅이자 신화의 고향인 이즈모 지역과 어떤 형태로든 관련되었을 가능성은 높다. 왜냐하면 일본신화에 나타난 이즈모 신화가 이를 잘 보여주기 때문이다.

이즈모 신화는 아메노히보코 이야기와는 직접적으로 관련되어 있지는 않다. 그러나 신라와 이즈모의 연결을 잘 보여주는 대표적인 신화이다. 이즈모 신화는 높은 하늘나라인 다카마노하라(高天原)에서 일본열도를 만들어가는 고대신화, 그리고 일본 왕실가의 정점에 위치한 소위 황조신皇祖神 아마테라스오오가미(天照大神)와 관련되어 있다. 곧 아마테라스의 소위 남동생으로 알려진 스사노오노미코도(須佐之男命, 素盞鳴尊)와 관련된 내용이다.

그 내용을 간추려 살펴보자.

'높은 하늘나라'(高天原)에는 최초에 우주를 개

【조화삼신】『일본서기』와『고사기』의 '신대기神代記'에 보이는 '조화삼신'은 아메노미나카누시노가미(天御中主尊)와 다카노무스비노가미(高皇産靈尊) 그리고 칸무스비노가미(神皇産靈尊)를 말한다. 일본역사의 삼신은 그 각각의 역할이 조화·교화·치화로 뚜렷하게 구분되지는 않는다. 다만, 아메노미나카누시노가미는 천지, 천상계의 주재신主宰神으로 보이며, 나머지 두 신인 칸무스비노가미와 다카노무스비노가미는 일본 고유의 신으로 만물의 생성·생장을 관장하는 신이다.

벽한 조화삼신造化三神이 있었고, 그 뒤에 7대의 천신天神들이 이어 내려왔다. 그 7대 천신의 마지막에 천상에서 일본열도를 만든 이자나기와 이자나미 부부신이 있었다. 그리고 그 아래에 세 신[三神], 곧 태양신[日神]인 아마테라스오오가미와 달신[月神]인 쯔쿠요미노미코도(月讀尊), 그리고 바다의 신이자 대지의 신인 스사노오노미코도가 있었다.

그 가운데 스사노오는 성격이 난폭하여 하늘나라를 혼란시키고 아마테라스 신과도 불화하였다. 그러던 중 높은 하늘나라에서 추방되기에 이르자, 스사노오는 어머니의 나라, 뿌리의 나라를 가고자 했다[물론 이 신화내용은 그대로 믿기 보다는 한일 고대사와 연관되어 숨겨진 그 의미 내용이 무엇인지 생각해 볼 점이 많다].

그래서 높은 하늘나라에서 나온 "스사노오는 아들 이다케루노미고토(五十猛尊)를 데리고 신라국新羅國에 내려와 소시모리(曾尸茂梨)에 살았다. 그리고는 … 흙으로 배를 만들어 타고 동쪽으로 항해하여 이즈모국(出雲國)에 도착했다." 동행한 아들 이다케루는 올 때 "많은 나무의 종자를 가지고 왔

【소시모리】소시모리는『환단고기』「단군세기」에도 나온다. 3세 단군 가륵 때(BCE 2173)의 일이다. '두지주豆只州의 예읍濊邑이 반란을 일으키니 여수기餘守己에게 명하여 그 추장 소시모리素尸毛犁를 베고, 이 때부터 그 땅을 일러서 소시모리素尸毛犁라 하다가 지금은 음이 바뀌어 우수국牛首國이 되었다'고 했다. 우수국이라면 보통은 강원도 춘천을 떠올리게 된다. 춘천은 옛날 우수주牛首州, "우두주牛頭州였기 때문이다. 이곳을 소시모리라 했다는 것이다. 그러나 구체적인 위치가 어디이든 간에, 소시모리가 한반도인 것만은 틀림없다.

그러나 필자의 생각은 좀 다르다. 앞서 보았듯이 고대에는 신사를 '모리=숲'이라 했다. 그리고 신사는 한민족의 옛 소도이며, 최남선은 소도를 '수두'라 했고 태백산(백두산)의 숲을 광명신의 머무는 원형의 신단(수두)이라 보았다. 때문에 필자의 견해로 소시모리는 최고신이 머문 소도(신사, 신단)인 것이다. 스사노오는 소도의 원형인 한민족의 성지 백두산 숲에 머물다 일본열도로 옮겨갔고 신교가 전해진 것이다.

다. 그러나 가라쿠니(韓地)에 심지 않고 쯔쿠시(筑紫, 큐슈 북부 지역)로부터 시작하여 대팔주국(大八洲國, 일본국) 전체에 심어 나라 전체가 푸르렀다. … 이가 기이국(紀伊國)에 머무르고 있는 큰 신(大神)이다." 또 스사노오는 "가라쿠니(韓鄕)에는 금과 은이 많다. 나의 아들이 다스리는 나라에서 그 나라로 건너가려 하여도 배가 없으면 건너갈 수 없다"고 하였다.

이즈모로 건너온 스사노오는 한 노인을 만났다. 노인은 자신을 '국신國神'이라 소개했다. 일본신화에는 천신天神과 국신이 나오는데, 보통 천신은 높은 하늘나라인 고천원의 신들이고 국신은 일본열도에 본래부터 있던 신들이다. 따라서 천신들은 '어디선가 들어온' 신들을 말한다. 국신이라면 천손이 강림하기 이전 일본열도에 정착해 살고 있던 지역신들이다.

노인은 스사노오에게 자신의 자녀들이 꼬리가 여덟 달린 야마다노

스사노오노미코도. 천조대신의 남동생이며, 이즈모로 건너와 8개 머리를 가진 뱀을 죽이고 일본열도를 평정한다.

오로치(八岐大蛇)라는 뱀으로부터 여러 해 동안 괴롭힘을 당했다고 토로했다. 스사노오는 노인을 도와 가라사이의 칼(韓鋤之劍)['사이'를 '쇠' 혹은 '쇠로 만든 삽'의 음이기 때문에 '한국의 쇠로 만든 칼'이라는 뜻이다]로 그 큰 뱀을 퇴치하게 된다. 그 칼로 큰 뱀의 목을 베고 배를 갈랐다. 이 때 뱀의 배에서 나온 칼이 쿠사나기의 칼(草薙劍. 草那藝之大刀)이다. 나중에 이 칼을 아마테라스에게 주었고[니니기노미코도瓊瓊杵尊가 이 칼을 갖고 일본열도로 내려온 것이 소위 '천손강림' 신화이다], 이것이 일본 천황가의 '삼종의 신기' 중 하나가 되었다.

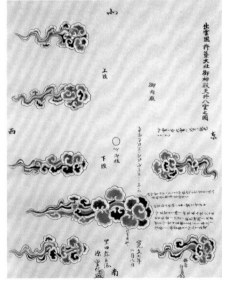

이즈모대사 천정에 그려진 팔운八雲의 그림.

## 朮 (일본)국토이양 신화

스사노오는 계속해서 일본열도를 평정해 나갔다. 참고로 여기서 스사노오노미코토는 아마테라스오오가미의 후손 니니기노미코토의 천손강림보다도 먼저 신라를 거쳐 일본열도에 최초로 발을 디딘 천손이다. 곧 일본열도에

첫발을 디딘 신은 큐슈에 내려온 니니기가 아니라 이즈모에 건너온 스사노오였다는 사실이다.

따라서 스사노오가 누구인가를 확인하는 작업도 일본의 고대사를 밝히는 매우 흥미로운 일이다. 물론 그것이 신들의 이야기이기 때문에 여기에 내포된 의미를 찾는 일이 중요하지만. 뿐만 아니라

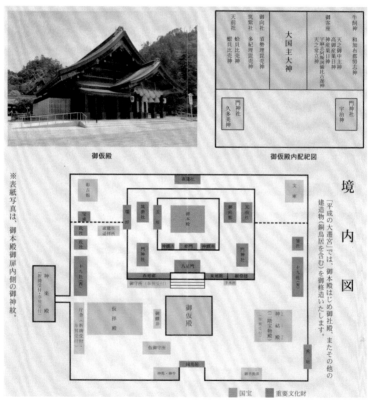

이즈모대사의 건물배치 안내도와 신전배치도.

御仮殿

御仮殿内配祀図

境内図

스사노오는 신라 소시모리에 살았었기 때문에 일본열도의 곳곳에서 '소시모리=우두牛頭천황'으로 모셔지고 있다. 이렇게 둘을 동일인으로 보는 것은 충분히 수긍이 간다.

또 하나의 팁을 지적한다면, 스사노오와 앞에서 말한 '아메노히보코'를 연결시켜 볼 수는 없을까? 또 뒤에서 보겠지만 『삼국유사』에 나오는 '연오랑' 설화는 스사노오와 아메노히보코와 아무런 관련이 없는 이야기일까?

여하튼 일본 고대사는 지배집단인 천신이 열도

기기신화의 무대 고천원에 태양이 떠오르고 있고 그 앞에 오오쿠니가 무릎을 꿇고 있다.

(위)시마네현 이즈모시에 있는 해안가. 일본국토이양의 무대라 전해지는 곳이다.

(우)이즈모에 내려와 일본 국토이양을 교섭하는 그림.

(아래)이즈모대사의 본전과 치기의 모습.

에 산재한 국신들을 정복하고 나라를 평정하는 이야기이다. 이렇게 스사노오가 평정한 나라(葦原中國 : 일본)는 큐슈의 다카치호 구시후루 봉우리에 내려온 아마테라스의 후손인 니니기노미코도에게 이양된 것이다. 이양한 자는 스사노오의 후손 오오쿠니누시노가미(大國主神. 오오모노누시노가미大物主神. 오오아나무치노미코도大己貴命이라고도 불렸다. "韓의 神"이라고도 한다.『광사원廣辭苑』)였다.

아마테라스의 명을 받고 일본열도를 이양받기 위해 이즈모에 사자로 내려온 신[建御雷神]이 있었다. 그 신은 파도치는 바다에 삼지창을 거꾸로 꽂고, 그 위에 앉아 일본열도를 통치하는 오오쿠니(大國主神)에게 (일본)국토양도를 요구했다.

오오쿠니는 니니기에게 국토를 양도했다. 이것이 소위 일본 국토이양(出雲國讓り) 신화이다. 그리고 나라를 평정할 때 사용한 창인 히로호고(廣矛)를 그에게 주며 말했다. "지금 내가 나라를 바치니 누가 따르지 않는 자가 있을까. 이 창으로 나라를 다스린다면 반드시 평안할 것이다."

그리고 조건을 제시하였다.

"이 일본열도(葦原中國)를 헌상하겠습니다. 단지 조건이 있습니다. 내가 거주할 장소로, 천신의 아들이 황위를 이어 갈 훌륭한 궁전처럼, 땅 깊숙이 반석磐石에 큰 기둥(宮柱)을 깊게 박아, 고천원을 향해 치기(千木)가 높이 치솟은 신전을 만들어주신

【치기】고대 건축에서 지붕 위의 양 끝에 X자형으로 교차시킨 커다란 목재로. 현재는 신사神社 지붕에만 쓰인다. 이 치기는 소도에 세운 큰 나무의 형상으로 볼 수 있다.

【정치】일본사회에서 '정치'를 일러 마쯔리고토(祭事)라고 했다. 정치가 천신께 제사 올리는 일을 담당한다는 의미로 신교중심의 나라임을 뜻하고 있다.

【고사기】오노 야스마로(太安麻呂)가 712년 완성한 일본에서 가장 오래된 신화와 전설을 기록한 역사서이다. 천황가의 계보와 신화·전설 등을 중심으로 한 이야기로 구성되어 있으며, 상권은 신들의 이야기, 중·하권은 각 대代의 계보와 천황·황태자들을 중심으로 엮어져 있다. 편찬이 최초로 기획된 것은 천무조(天武朝:678·686)이고, 임신壬申의 난을 넘기고 성화聖化된 왕권의 유래를 이야기하면서, 천황의 지배하인 국가체제를 정당화하기 위해 만들어졌다.

다면, 저 멀리 유계(幽界. 신명세계-인용자)로 은퇴隱退하겠습니다. 다른 많은 신들도 거역하지 않을 겁니다."

곧 현세의 일은 니니기가 맡고, 유계[신명계]의 신사神事는 오오쿠니가 맡는다는 안이었다. 이래서 타협안이 이루어졌고, 신궁이 조영되었다. 아마테라스와 스사노오 계열간에 역할분담이 이루어진 것이다. 이에 따라 아마테라스 후손은 일본나라[정치]를 경영하고, 스사노오 후손이 신의 일[종교]을 맡게 되었다. 나라를 양도한 오오쿠니의 아들들은 '푸른 잎의 나무로 만든 울타리[靑柴垣]'(『고사기古事記』)로 숨어버렸다. 이 울타리가 '신이 깃드는 장소,' 곧 앞서 말한 히모로기(神籬)이며 소도였다.

# 3. 일본신도는
## 삼한 제천의 옛 풍속

### ⛩ 이즈모에 세워진 48m의 고층신전

일본고대신화에 따라 이즈모지역에 세워진 신사가 바로 이즈모 대사였다. 때문에 이 신사는 일본열도의 곳곳에 세워져있는 신궁·신사의 모체였던 것이다. 따라서 이즈모에는 "훌륭한 궁전처럼 땅 깊숙이 반석에 큰 기둥을 깊게 박아, 고천원을 향해 치기가 높이 치솟은 신전"이 지어졌다.

우선 땅 깊숙이 반석에 9개의 큰 기둥을 박았다. 2000년에는 13세기(1248) 세워졌던 이즈모 대사 본전을 지탱했던 기둥이 발견되었다. 이 기둥을 보면 직경 1.3m의 기둥 세 개를 묶어서, 지름 3m가 넘는 하나의 기둥으로 만든 것이었다. 하나의 기둥을 만드는데 큰 나무 세 개가 사용되었던 것이다. 그리고 9개의 기둥 중에 가장 중앙에 있는

【고층신전】옛 사람들은 "천하 무쌍無雙의 대하大廈"라 칭하고, 옛 노래에 "구름속에 들어간 치기" "일본 제1의 영신靈神"이라 한 것이 결코 과장된 수식어가 아님을 실감하고 경탄을 자아냈다고 했다. 현재의 대사 높이는 8장丈(24m)이고 옛날은 8장의 2배 곧 16장(48m)이라 했다. 또 16장의 2배인 32장(97m)의 설도 있다. 일본열도에는 옛부터 "雲太, 和二, 京三"이라 하여 일본에서 가장 높은 첫째가 이즈모 대사의 고층신전이고, 둘째가 야마토지역인 나라의 동대사에 있는 대불大佛, 그리고 셋째가 교토의 헤이안신궁(平安神宮)에 있는 대극전大極殿을 칭하였다. 동대사 대불의 높이는 12장 6척(38.2m)이었다.

기둥을 신노미하시라, 곧 심어주心御柱라 했고, 전면 중앙에 있는 기둥을 우즈하시라, 곧 우두주宇豆柱라 했다. 혹자는 이 중간 기둥인 심어주를 소도 신단의 큰 나무 곧 신단수라 보기도 한다.

이러한 9개의 기둥위에 '궁전같은 신전'이 세워졌다. 이렇게 해서 완성된 고대의 이즈모 대사는 높이 48m의 고층신전으로 거대한 목조 건축이었다. 일설에는 100m 높이였다는 기록도 있으나 이는 현실상 불가능한 높이였다고 보는게 일반적이다. 그리고 오오쿠니의 바램대로 신전 지붕위에 치기를 세웠다. 치기는 신사 지붕 위에 고천원을 향해 X자형으로 세운 커다란 목재였다. 이 치기는 소도에 세운 큰 나무의 형상이었다.

동북아 고대사에 관심을 가진 사람이라면, 이쯤

고대 이즈모대사의 고층신전을 떠받치던 심어주의 모습.

(위) 야요이시대 토기에 그려진 고층신전의 모습. (아래) 이즈모대사의 고 층신전 복원 상상도.

에서 이즈모의 놀라운 고층 신전의 모습을 상상하면서 뭔가 떠오르는 생각이 있을 것이다. 구름을 뚫고 하늘 높이 치솟은 신전의 모습. 수없이 많은 계단을 올라 당도하게 되는 신전. 그것은 다름 아니라 고대 이즈모 대사의 고층 신전이 바로 피라미드 형 구조였다는 사실이다. 동북아 신교문명에서 보면 광개토대왕릉이나 장수왕의 무덤으로 추정되는 장군총 등 적석총의 형태에서 볼 수 있는 구조였던 것이다.

이는 모두 삼신을 받들어 제사했던 신교의 제천단祭天壇이 변형된 모습이다. 1세 단군 51년(BCE 2283년) 때, 초대 단군은 운사雲師 배달신倍達 臣에게 명하여 장정 8,000명을 동원하여 강화도 정족산에 삼랑성三郎城을 쌓고, 마리산에 하늘에 제사지낼 참성단을 쌓게 하였다. 그리고 3년 뒤에는 직접 이곳에서 천제를 올렸다.(『환단고기』「단군세기」) 이 참성단은 원방각圓方角의 형태로 조성되어 돌로 쌓인 제단 아래 부분은 둥글게, 윗 부분은 정사각형으로 만들어져 있다. 원은 하늘을, 네모는 땅을 상징하여, 곧 하늘 위에 땅이 있는 형상이었던 것이다. 이즈모의 고층신전도 신교 제천 문화의 흔적으로 볼 수 있다. 이러한 제천단의 자취는 수메르를 비롯 이집트·중국·티벳 등지에 산재한 피라미드에서 발견된다. 그 중 수메르인들의 제천단이 지구랏Ziggurat이다. 이 지구랏의 전형적인 양식은 계단식으로 돌을 겹쳐 쌓고 그 최상봉에 직사각형 신전을 안치한 것이었다.

【지구랏】 수메르 문명은 서양문명의 뿌리인 메소포타미아 문명으로 계승되었다. 수메르 문명의 주인공인 수메르인은 중동의 평야 지역에 정착하자 고산을 모방한 천단을 건축하고 그 꼭대기에 올라가 천제를 지냈다. 이 제천단이 지구랏이다. 바벨탑도 바빌론 지역의 지구랏이다. 지구랏은 이집트로 흘러들어가 피라미드가 되었다.(『개벽 실제상황』 252쪽 참조)

스사노오의 후손인 오오쿠니누시노가미가 원했던, 그리고 일본열도에 최초로 세워진 고대 이즈모의 고층 신전을 보라 ! 그 모습을 보면, 무수한 계단을 올라 그 정상에 직사각형의 집으로 이루어진 신단이 있었고 신단 꼭대기에는 높은 하늘을 향해 치기가 솟아 있었다. 이것이 일본 신사의 원형이다. 다름 아닌 신교 제천단의 흔적이었던 것이다.

## 开 신라를 바라보는 최고신

그리고 궁전처럼 지어진 이 신전 안에 신체神体
가 모셔졌다. 여기에는 당연히 신라에서 건너온 스
사노오노미코토가 모셔져야 했지만, 스사노오의
후손인 오오쿠니누시노가미가 모셔졌다. 앞에서
보았지만, 오오쿠니는 바로 일본열도를 아마테라
스 계열에 이양한 신이었다. 이 또한 무엇을 의미하
고 있는 것일까?

일본 정통 왕조의 시작이 야마토 왜였다는 사
실을 안다면, 스사노오 보다는 국토를 아마테라스
계열에 이양한 오오쿠니를 제사했다는 것은 그리
이상한 일이 아니다. 대신에 스사노오는 야쿠모 산
속에 소가신사(素鵞神社)에 모셔졌다. 야쿠모산은

(좌)이즈모대사 본전
안내.
(우)이즈모대사의 배전
과 청동 도리이.

이즈모 대사의 신체산이다. 소가신사는 그 속에 자그마하고 허름한 섭사攝社의 모습으로 남아있다. 어찌보면 이즈모 대사의 주객이 바뀐 감이 없지 않다. 주인공이 뒷방 노인이 되어버린 신세와 다름 없어 쓸쓸함마저 느끼게 된다.

이즈모 대사의 신체에는 또 한 가지 놀라운 사실이 담겨있다. 그것은 신체 곧 신상神像이 앉아있는 방향이다. 이즈모 대사의 신체의 방향 곧 오오쿠니누시노가미가 바라보고 있는 방향이 서쪽인 것이다. 이즈모 대사의 본전本殿과 배전拜殿 건물은 모두 남쪽을 향하고 있으며, 이것이 신사를 조성할 때 가장 일반적인 방향이다. 그리고 보통 신사의 본전 안에 있는 신체도 남쪽을 향한다.

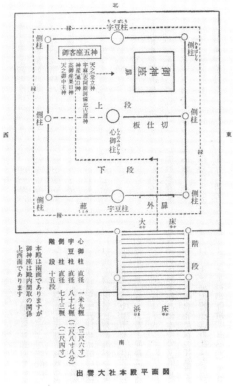

이즈모대사 본전의 배치도. 신체神體가 서쪽을 향해있는 것을 알 수 있다.

그러나 이즈모 대사의 신체는 서쪽을 향해 있는 것이다. 곰곰이 생각해 보면 너무나 당연한 일이지만. 지도를 펴고 신체가 바라보는 이즈모 대사의 서쪽을 손가락으로 짚어보라. 그러면 바다와 맞닿은 곳에 히노미사키(日御崎) 언덕이 나타날 것이고, 또 그 바다를 건너 서쪽으로 계속 나아가면 스사노오가 고천원에서 나와 살았던 신라가 있을 것이다. 이를 보면 이즈모 대사의 신체가 선조의 고향, 뿌리의 나라인 신라를 향하고 있음을 알 수 있다.

## ⛩ 팔백만신이 모이는 10월 상달

이제 그 신사의 원형을 간직한 곳, 신체가 선조의 고향 신라를 향해 앉아있는 이즈모 대사를 돌아볼 차례가 되었다. 이즈모 대사 경내로 들어섰다. 이즈모 대사는 신라에서 이즈모로 들어온 신교의 유습을 간직한 신사이다. 그리고 일본열도에 신도를 확산시킨 터전이었다. 때문에 이즈모 대사는 일본열도에 산재한 800만신의 총 본산이었던 것이다.

이즈모 신사에는 이를 가늠할 수 있는 널리 알려진 풍속이 있다. 신유월神有月(가미아리쯔기)이 그것이다.

신들의 고향, 이즈모.

이즈모 대사에는 '신이 있는 달', 보다 정확하게는 '신이 모이는 달'인 신유월이라는 특이한 기간이 있는 것이다. 곧 음력 10월 상달이 되면 일본 전역에 모셔진 팔백만 신들이 모두 이즈모로 모여든다. 바꾸어 말하면 일본 전역에는 각 지역의 신들이 모두 이즈모로 가 버렸기 때문에 거꾸로 '신이 없는 달' 즉 신무월神無月(간나쯔기)이 된다. 이처럼 음력 10월 달은 일본 전역으로 보면 신무월이지만, 유독 이곳 이즈모 대사만은 일본 전역의 팔백만 신들이 몰려들었기 때문에 '신이 있는 달'인 신유월이 되는 것이다.

동서 19사.10월 상달 이즈모대사로 온 신들이 머무르는 숙소로 동과 서에 각각 19사가 있다.

그러면 이즈모로 몰려든 신들은 이즈모 대사에서 무슨 일을 하는가?

막부시대 이전의 기록들을 보면, 이즈모에 온 신들은 이즈모 대사의 본전 동쪽과 서쪽에 마련된 19사社에 숙소를 잡아 머무른다. 그래서 숙소는 동쪽 19사와 서쪽 19사로 모두 38개이다. 신들은 이곳 이즈모 대사에 모여 회의를 개최한다. 본사의 서쪽 방향에 있는 상궁上宮이 신들의 회의소이다. 신들은 38개의 숙소에 머물다가 회의를 위해 상궁으로 가는 것이다.

회의는 10월 11일부터 17일까지 7일 동안 개최된다. 7일간의 회의에서는 우선 신들이 각자 담당하는 지역에서 지난 1년간 일어난 일들을 낱낱이 보고하게 된다. 또 향후 1년간의 지역 현안을 상담한다. 그리하여 자신이 맡은 지역에서 앞으로 1년 동안 행해지게 될

【막부시대】막부幕府시대 (1192~1868년)는 가마쿠라 시대, 무로마치 시대, 전국戰 國 시대, 아즈치 모모야마 시 대, 그리고 에도(江戶) 시대 5 단계로 구분된다. 막부幕府시 대는 일본만의 특수한 정치형 태로, 천황은 명목상의 군주 일 뿐 실제 권력은 쇼군(將軍) 이 가지고 있었다.

이즈모대사의 오미쿠지와 에 마의 모습.

<table>
<tr><td>①</td><td>②</td></tr>
<tr><td>③</td><td>④</td></tr>
<tr><td colspan="2">⑤</td></tr>
</table>

①신사에서 오미쿠지御神籤를 사는 모습. 오미쿠지는 길흉을 점치는 운세쪽지를 말한다. 운세가 나쁠 경우 새끼줄(금줄)이나 나무에 매달아 둔다.

②이즈모대사의 에마(絵馬)의 모습. 기원할 때 여기에 소원을 적어 걸어둔다. 여기에 그려진 말(馬)은 신마神馬로 소원을 하늘에 전달해 준다.

③신사에서 에마에 소원을 쓰는 모습.

④에마에 대한 안내판.

⑤10월 상달 인연의신 오오쿠니누시노가미(大國主神)를 그린 모습.

모든 일들이 결정되고, 심지어 사람들 사이의 인연
도 정해진다. 특히 미혼 남녀의 인연도 여기서 결
정된다. 곧 남녀의 짝을 맺어주는 것이다. 때문에
오오쿠니는 일본에서 '인연의 신'으로 알려져 있기
도 하다. 참으로 흥미로운 풍속일 뿐만 아니라, 일
본의 신도신앙을 이해할 수 있는 단서이다.

그러면 이러한 이즈모 대사의 신유월 풍속, 곧
일본열도의 신무월은 어떤 의미를 갖는 것일까?
나는 나름대로 하나의 답안을 제시할 수 있다. 음
력 10월 상달, 이즈모 대사로 모여든 일본열도의 8
백만의 신들은 과연 여기서 멈추었을까? 나는 동
북아의 고대 종교문화사 곧 신교를 염두에 두고
생각해 본다면 그렇지 않다고 본다. 그들은 여기
모여서 스사노오가 배를 타고 건너온 곳, 조상의
고향인 한반도로 건너갔을 것이다.

왜 그랬을까? 신교는 해마다 삼신상제를 모시
는 제천행사를 행하였다. 따라서 앞서 보았듯이 고
대 삼한시대에 한민족의 조상들도 10월 상달이 되
면 제천행사를 열었던 것이다. 이 때 받드는 천제天
祭는 하늘의 삼신상제에 지내는 제사였다.

【신구간 풍속】제주도에는
대한 후 5일째부터 입춘 3일
전까지 7~8일 동안 이어지는
이사 풍습이 있다. 이 시기에
인간의 길흉화복을 관장하는
신들이 하늘로 올라가 옥황상
제에게 자신이 담당한 집에서
지난 1년의 일들을 보고하고
새로운 임무를 받아 내려오기
때문에, 예부터 이 기간에 집
을 고치거나 이사하는 풍습이
생긴 것이다.

그러면 왜 10월에 제사를 모셨을까? 바로 10월은 일년 중 달(月)이 운행을 시작하는 첫 달이었기 때문이다. 한민족은 이러한 10월을 열두 달 가운데 첫째가는 상上달이라 하여 가장 귀하게 여겼다. 따라서 10월은 사람과 신명들이 한데 어울려 즐기는 한해 시작의 달이었던 것이다.

이러한 10월 상달에 신라와 연결된 이즈모에 몰려든 신들, 곧 일본열도에서 자신의 지역을 떠난 신들이 이즈모 지역을 통해 한민족의 천제에 참여한 것은 아닐까? 이것이 이즈모 대사의 38개 숙소에 머물던 신들이 서쪽으로 가서 회의를 열고 인간사와 신명계의 일들을 결정지었다는 의미가 아

【10(十)】숫자로만 생각해보자. 10은 신과 인간 그리고 만물이 마음을 하나로 통일하는 수로써. 이상과 현실이 조화된 신천신지 新天新地의 개벽세계를 상징하였다. 하느님의 조화의 수가 10인 것이다.

신사앞을 지키는 고려의 개 고마이누.한쪽은 입을 닫고 한쪽은 입을 열고 있다.

니었을까?

일본 내에서 이와 관련된 주장을 했던 학자가 있었다. 구메 구니다케(久米邦武 1839~1931) 도쿄대 교수였다. 그는 '일본 신도는 삼한 제천의 옛 풍속'(1891년 발표)이라는 글을 발표한 적이 있다. 이 글은 일본 고대사를 보는 적확한 판단이었으나, 안타깝게도 당시로서는 매우 위험한 주장이었다. 일본 왕실 신궁에서도 매년 11월 23일에 신상제新嘗祭(니나메사이)를 지낸다. 이런 풍속들은 모두 삼한시대 한민족이 하늘의 삼신상제를 모셨던 천제의 옛 풍속에서 왔음을 주장한 것이다. 이로 인해 구메 교수는 일본 신도계의 강력한 반발을 받아 교수직마저 그만둘 수밖에 없었다.

일본의 모든 신사를 주의깊게 살펴보라. 어떤 신사든지 그 정문에는 고려의 개[高麗犬 고마이누]가 지키고 있다. 왜 고려의 개가 일본의 신사를 지키고 있는 것일까? 생각해 볼만한 일이다. 신궁·신사가 한반도와 아무런 관련이 없다면, 그리고 구메 구니다케의 지적처럼 삼한 제천의 옛 풍속이나 신교의 유습이 아니라면 고려의 개가 지키는 것은 과연 무엇일까?

# 卉 세 개의 도리이와 대형 시메나와

신들이 몰려드는 10월, 이에 맞춰 이즈모 지역은 마쯔리(祭)를 준비한다. 소위 신맞이 축제[신영제神迎祭]로 일본열도의 팔백만 신을 맞이하는 행사이다. 동네를 청결하게 하고 음주가무를 금지하여 경건하고 정숙한 분위기를 조성한다.

이 행사는 음력 10월 10일부터 시작한다. 그리고 그 첫날인 곧 10월 10일, 용뱀[龍蛇]이라 불리는 바닷뱀[海蛇] 크고 작은 것 다수가 해안으로 몰려들어 온다. 이즈모 대사의 서쪽에 있는 바닷가인 '태양의 언덕' 곧 히노미사키(日御崎) 언덕으로 몰려드는 것이다.

사람들은 이 용뱀을 맞이하여 모신다. 그리고는 풍작, 풍어를 기리고 재난을 피하기를 기원한다. 이 뿐만이 아니다. 이 용뱀들은 사람들의 인연도 가져다 준다. 따라서 사람들은 신이 정해준 인연을 받아들이려 한다. 이것이 일본 전역에서 볼 수 있는 용사신앙龍蛇信仰이다. 동네를 다니다 보면 대나무에 물고기 모

【마쯔리(祭り)】 원래는 신에게 제사를 지내는 것을 말하며 그 의식을 가리키는 말이기도 하다. 현재 마쯔리는 신사를 주체 혹은 무대로 하는 경우가 많고, 풍작, 풍어, 사업번창, 무사고, 무병장수, 가내안전 등을 빈다. 일본 열도는 마쯔리의 천국이라 할 만하다. 고대 한반도에서 일본으로 문물을 전한 '도래인'들의 행차를 재현하는 '사천왕사四天王寺 왔소' 축제도 있고, 일본의 대표적인 3대 마쯔리는 도쿄(東京)의 간다마츠리, 교토(京都)의 기온마쯔리, 오사카(大阪)의 덴진사이 마쯔리이다.

이즈모대사의 신영제神迎祭를 알리는 표지판.

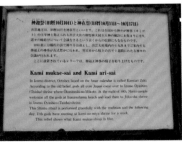

양으로 만들어진 풍선, 곧 용뱀을 주렁 주렁 매달아 바람에 날리는 모습을 볼 수 있다. 이것이 용사 곧 신을 받아들이는 신앙인 것이다.

이즈모 대사로 가기 위해서는 세 개의 도리이(鳥居)를 지나야 하다.

도리이는 일본 신사의 입구에서 발견된다. 기본적인 구조는 두 개의 기둥이 서있고 기둥 꼭대기를 서로 연결하는 가사기(笠木)로 불리는 가로대가 놓여있는 형태이다. 도리이는 불경한 곳(일반적인 세계)과 신성한 곳(신사)을 구분짓는 경계이다. 신단수가 있는 소도의 앞에 걸린 밧줄 위에 앉아있는 새의 의미를 띤다. 새는 솟대에서 보듯이 하늘의 전령으로 볼 수 있다.

마을에서 볼 수 있는 용사신앙의 모습.
일본열도의 농어촌 지역에서 종종 볼 수 있는 풍경이다.

도리이는 신성한 지역의 입구임을 알리는 문이다. 이즈모 대사의 그 첫 번째 도리이가 시내에 있는 것이다. 이것은 일본에서 제일 크고 높은 25m 높이의 도리이이다.

그리고 그 길로 곧바로 나아가면 이즈모 대사 경내로 들어섰음을 알리는 두 번 째 도리이가 있다. 여기를 지나면 이즈모 대사를 둘러싼 소나무 숲 사이로 길게 뻗은 길이 나타난다. 이 길을 따라 10여 분 곧바로 가면 청동으로 만든 마지막 도리이를 마주하게 된다.

큐슈 요시노가리에 세워진 도리이. 가로대 위에 세 마리의 새가 앉아 있다.

세 개의 도리이를 지나면, 처음 마주치는 건물이 배전拜殿이다. 이즈모 대사를 찾는 대다수는 이 배전에 걸린 대형 시메나와(注連繩)를 보고 놀라움을 감추지 못한다. 다른 신사에서는 볼 수 없는 독특한 대형의 시메나와이기 때문이다. 신사를 안내하는 가이드는 관람객들의 놀라움을 보면서 의기양양하게 설명을 해댄다. 여기 걸린 시메나와의 본체는 용을 상징하고 그 아래 드리워져 있는 것은 비와 번개를 상징화했단다.

입가로 가벼운 웃음이 흘러 나왔다. 이것은 가이드, 아니 일본인들이 시메나와를 어떻게든 용과

도리이를 지나 이즈모대사 본전으로 가는 오솔길.

관련시키려 한 이야기지만 그들만이 재미있게 만들어낸 이야기에 지나지 않는다. 시메나와는 분명 고대 한반도의 신교문화에서 사용했던 금줄, 검줄, 신줄 혹은 금줄이라 불렸던 것이다.

예로부터 하늘에 제사를 지내는 신전에는 금줄을 내걸었다. 금줄은 성聖과 속俗을 구분하여 신성한 지역임을 표시하는 줄이다. 신교의 유습이 남아있는 일본의 신사에도 고대 삼한의 풍속에 따라 금줄이 걸린 것이다. 그리고 이즈모 대사에는 그러한 일본 신사의 원형인 금줄, 곧 시메나와가 걸려 있다.

이즈모대사의 대형 시메나와의 모습.

그런데 이곳의 시메나와는 다른 곳과는 다른 형태를 띠고 있다. 크기도 비교할 수 없이 크지만, 그 형태도 대형 새끼줄로 왼새끼줄이다. 다른 신사와는 정반대의 형태를 띠고

이즈모대사에 걸린 대형 시메나와.

있는 것이다.

일반 신사의 시메나와는 사전社殿에서 보아서 좌측을 상위上位로 한다. 이것은 소위 좌우존비본말론左右尊卑本末論, 곧 왼쪽을 귀하게 생각하고 근본으로 보는 입장과 일치하는 것이다. 이런 모습에 익숙한 참배자들 뿐만 아니라 전문가들은 이즈모 대사의 정반대 형태의 시메나와를 보면서도 그 의미를 이해하기 어려워한다.

(위)계룡산 갑사의 괴목과 둘레에 처진 금줄의 모습.
(아래)메이지 신궁에 걸린 시메나와.

이처럼 일본열도에서 이즈모는 종교·정신사적으로 특별한 위치를 점하고 있는 지역이다. 보통 신사라면 배전에서 두 번 손뼉치기를 하면서 예를 표하는 것이 관례이다. 그러나 이즈모 대사에서만은 4번을 친다. 특별한 예禮를 보이는 곳이기 때문이다. 손뼉치기는 우리의 절하기[배례拜禮]에 해당한다. 우리는 절하기에서 재배

再拜와 사배四拜의 중요성을 익히 알고 있다. 그런 만큼 네 번 손뼉치기는 이곳의 위상을 짐작케 해 준다.

## 卉 메이지 시대의 신사정리 정책

그런데 19세기 중반 메이지 시대(明治時代 1868-1912)에 들어서면서 일본의 신도는 큰 변화를 겪게 된다. 메이지 정부는 신도를 국가의 공식종교[국교]로 지정하면서 전국에 흩어져 있는 신궁·신사를 일제히 정리하였던 것이다.

그 결과 메이지 정부 4년째인 1871년 5월 14일, '신사神社의 의儀는 국가의 종사宗祀로 일인일가一人一家의 사유私有에 있는 것은 아니다'라는 태정관포고太政官布告 제 234호가 공포되었다. 이로써 '신사는 국가의 종사'라는 공적公的 성격이 정식으로 규정되면서 국가신도國家神道 시대가 이루어진 것이다.

이후 일본정부는 신사를 일반 종교와 분리시켰다. 그리고는 신사의 모습에 국체론적國體論的('만세일계'의 일왕을 중심으로 백성을 신민으로 재편하여 '천황제 국가' 형성을 목표로 하는 국가주의) 사상을 결합시

【메이지 시대】메이지 유신 이후의 메이지 천황의 통치를 가리키는 이름이다. 1868년 1월 3일 왕정복고의 대호령에 의해 메이지 정부가 수립된 후 1912년 7월 30일 메이지 천황이 죽을 때까지 44년간이다. 일본제국의 전반에 해당되는 시기이며, 오늘날의 일본을 만든 시기이기도 하다. 메이지 유신(1868)은 19세기 후반 일본의 메이지 천황 때에, 에도 바쿠후(江戸幕府)를 무너뜨리고 중앙집권 통일 국가를 이루어 일본 자본주의 형성의 기점이 된 변혁의 과정이다.

켜 '국교國敎'로서의 특권적 지위를 확보하였다. 이에 따라 일본왕실의 황조신皇祖神인 아마테라스를 제사하는 이세신궁을 중심으로 신사사격제도神社社格制度를 정리한 것이다.

메이지 정부는 이세신궁을 정점으로 하여 전국의 모든 신사들의 위계서열을 정리하고 이로써 국가지배 이데올로기를 형성하여 나갔다. 이즈모 대사도 이런 바람을 피할 수 없어 대사大社의 사격을 부여받았다.

신사의 사격을 보면, 아마테라스 및 대대의 일

일본 도쿄의 메이지신궁의 도리이. 메이지 천황을 제사하는 신궁이다.

본 왕을 봉사奉祀하는 것은 신궁神宮, 왕족을 봉사하는 것은 궁宮, 그 외에는 대·중·소사大·中·小社의 칭호를 부여했다. 신궁은 국유국영國有國營이며, 신궁의 직원은 관리가 되었고, 경비는 국고의 부담이었으며 그 수입은 국고의 수입이 되었다.

이와 함께 그동안 신사에 스며들어 있었던 도래인들의 흔적도 하나하나 지워나갔다. 한반도와 관련된 지명들을 바꾸고 신사의 이름도 모두 바꿔나갔다. 그 한 예가 '가라쿠니 신사'라 읽는 오사카와 나라 지방에 소재한 '한국신사韓國神社'를 발음이 같은 '신국신사辛國神社'로 바꾼 것이다.

이렇듯 메이지 정부의 이세신궁을 정점으로 한 신사정리는 고대 교토(京都)를 수도로 정했던 50대 환무왕桓武王(781-806)의 일본 만들기에 이은 또 한 번의 종교혁명이었다. 바꾸어 말하면 고래의 신교의 유습을 지우고 일본화日本化시켜 정비한 것이다. 그리고 고대 백제(구다라)와 정치·문화적으로 긴밀한 관계를 맺었던 나라지역에는 일본의 초대왕인 신무왕神武王이 왕위에 오른 것을 기념하는 가시와라 신궁(橿原神宮)이 지어졌고, 일본 각 왕들의 능

[일본열도의 한민족 관련 지명] 한반도 관련 명칭들은 일본열도 전역에 퍼져있다. 고구려(고려) 관련 용어들은 korai라 읽는 高麗, 高來, koma라 읽는 巨麻, 狛, 胡麻, 巨摩, 駒, 小間이 있고, 신라의 경우는 siraki로 新羅, 志木, 新坐, 之良岐, 白木, 白城, 白鬼, siraku로 志樂, 設樂, sirako로 白子, 四樂, sinra로 眞良, 信羅, 新良가 있다. 그리고 백제와 관련된 지명은 kudara라 칭하는 百濟, 久太良, 久多良 등이 있고, 이 밖에 韓과 관련된 kara로는 唐, 辛, 可樂, 可良, 空, 韓良, 加羅 등 한자가 붙은 지명들이다. 그 외 伽倻, 可也의 명칭이 붙은 지명도 수십개나 된다.(吉田東伍, 『大日本地名辭書』, 동경:富山房, 1971(초판 1907), 조선총독부중추원, 『朝鮮の國名に因める名詞考』, 1940.)

[가시와라 신궁] 이 신궁은 현재 나라현 가시와라 시에 있는 우네비산 남동쪽 기슭에 위치하며, 모시는 신은 초대 왕인 신무왕과 그 부인 히메타타라이스즈히메이다. 주변에 신무왕릉도 만들어져 있다. 모두 메이지 시대 만들어진 것이다. 1890년에 세워진 이 신궁에서는 1940년 '신무왕 즉위 2,600년'을 기념하면서 대대적인 캠페인을 벌여 국

①이세신궁의 태일.
②이세신궁의 마쯔리 때에
마차에 세운 '태일'의 모습.
③이세신궁에서 봄의 신락제
가 열릴 때의 모습. 용과 봉황
이 그려진 북이 사용된다.
④)미에현 이세시에 있는 이
세신궁의 도리이.
⑤미에현 이세시에 있는 이세
신궁. 아마테라스오오가미를
제사하는 내궁의 모습이다.

| ① | ② |
|---|---|
| ③ ||
| ④ | ⑤ |

묘도 지정되었다. 또 큐슈 지역에서는 소위 천손강림지를 확인하려는 노력도 이루어졌고, 뒤에 보겠지만 큐슈 가고시마에서는 단군을 모신 환단신사라 알려진 옥산신사가 통합의 수난을 당하는 일도 일어났다.

이러한 메이지 정부의 신사정리 정책에 따라, 일본열도 곳곳의 신사들은 아마테라스와 스사노오 등 고대신화에서 위엄있는 신을 모셔와 제사하거나[권청勸請] 혹은 기존 제신祭神과 함께 받드는 모습이 보여졌다. 물론 위계서열상으로 아마테라스를 상위에 두는 것은 당연한 일이었다. 이러한 신사를 권청신사라 했다. 곧 신의 분령分靈을 모셔와 새로운 신사를 설립한 것이다. 분령이라 함은 제신祭神의 신령을 나눈 것을 말한다. 이러한 신령의 나눔, 곧 무한분열성無限分裂性은 일본의 신 개념이 갖고 있는 특징 중 하나이다.

그런데 신사의 제신은 무형의 신령이다. 때문에 모든 신사에는 이러한 신령을 상징하여 표현하는 물物을 대상으로 제사하고 있다. 이 신령의 상징물 혹은 표현물을 영대靈代 또는 신체神体라 했고, 영

가주의를 고취하였고 (이듬해 진주만 공격 실행), 1967년 2월 11일에는 '건국기념일' 행사가 시작되어 현재까지 계속되고 있다.

대는 보통 삼종의 신기인 거울, 구슬, 칼 등으로 나
타나는 것이 일반적이었다.

신사의 신전 모습. 신체
로 거울을 모신 모습이
보인다.

# 4. 히노미사키 언덕과 한국신사

## ⛩ 신라를 향한 히노미사키

　이즈모 대사 경내를 몇 시간에 걸쳐 둘러보았다. 그러나 생각지도 못한 아쉬운 일이 생겨버렸다. 배전을 보고 본전으로 들어섰을 때 본전이 모두 천막으로 가려져 있었던 것이다. 아, 다름 아니라 지금이 60년 마다 한번 이루어지는 천궁遷宮의 시기였다. 본전의 지붕을 새로 갈고 치기를 새롭게 바꿀 때인 것이다. 그래서 본전은 작업을 위해 장막으로 가리워져 있었다.

이즈모대사의 본전. 식년천궁 작업으로 가리워져 있다.

아쉬웠다. 어떻게 온 길인데… 그러나 별 도리가 없었다. 이번의 단장은 약 4년에 걸쳐 이루어진다고 했다. 대사 경내를 벗어나 밖으로 나왔다. 하늘을 올려다 보니 맑게 개인 하늘에 구름 몇 점이 아름다운 형상을 만들며 둥실 떠 있었다. 아! 이래서 팔운八雲, 곧 야쿠모라 했나 싶었다.

히노미사키 신사의 일대 안내도.

이즈모 지역에서 찾아볼 또 한 곳이 남아 있었다. 다름 아니라 이즈모 대사의 신체가 바라보고 있는 서쪽 바닷가인 히노미사키(日御崎) 언덕이었다. 지금도 이 곳 해안에는 한반도의 울산이나 포항지역에서 바다에 버린 부유물들이 여기로 흘러온다고 한다. 곧 물길 방향이 서로 연결되어 있다는 말이다. 어쩌면 고대에도 그런 물길이 이용되지 않았을까. 배를 띄우면 물길을 따라 쉽게 도착할 수 있는 길, 그 길이 신라와 이즈모를 연결시켰을 것이다.

히노미사키!

말 그대로 본다면 '태양의 언덕'이다. 그런데 왜 태양과 관련된 지명을 동쪽이 아닌 서쪽 바닷가에 사용하였을까? 이 언덕에서 앞 바다를 건너 멀리 바라보면 저 멀리 신라 땅이 있었다. 그렇다면 고대 이즈모에서는 신라가 태양이 아니었을까? 아니면 신라에서 태양이 도착한 곳이었다는 의미를 담고 있지 않았을까?

히노미사키 등대.

히노미사키 언덕의 옛 이름은 '기츠기 (支豆支)' 언덕이었다. 그리고 이즈모 대사의 옛 이름도 기츠기 대사(杵築大社)라 했었다. '기츠기'라는 말도 앞서 보았던 '이즈모'라는 말과 같은 의미를 지닌 고대어였다. 모두 '해 뜬 마을'을 의미하고 있었던 것이다. '기'

는 '히' 곧 '해'를 뜻하는 말이었다.

지금 이곳 해안에는 히노미사키 등대와 히노미사키 신사가 세워져 있다. 먼저 히노미사키 등대로 갔다. 바람이 세차게 불고 있었다. 등대 앞에 있는 바위 위에서는 두 사람이 바람을 맞으며 낚싯대를 드리우고 있었다.

이 히노미사키 등대에서 북서쪽 200Km 정도 지점에 우리 땅 독도가 있다. 자연스레 독도가 자기들 땅이라는 이곳 사람들(뿐만 아니라 일본정부)주장이 떠오른다. 억지를 쓰고 있는 건지 아니면 또 다른 무슨 꿍꿍이 속이 있는 건지 모르지만, 생각만 해도 불쾌한 감정이 치밀어 올라온다. 이런 감정을 가까스로 추스르며 히노미사키 등대가 있는

히노미사키 언덕 바로 앞에 있는 돌섬 후미시마.

곳으로 올라가, 앞에 펼쳐진 바다를 바라보았다.

등대 바로 앞 가까이에 자그마한 돌섬 하나가 보였다. 후미시마(經島)였다. 이 자그마한 돌섬은 한반도와 아무런 관련이 없을까?

## ㅠ 연오랑과 세오녀

『삼국유사』를 읽어본 사람이라면 연오랑延烏郎과 세오녀細烏女의 이야기를 알고 있을 것이다. 내용은 대략 이렇다.

'서기 157년, 동해안에 살던 연오랑은 바닷가에서 바위에 올라 해초를 따다가 갑자기 바위가 움직이는 바람에 일본으로 건너 갔다. 이를 본 왜인들은 연오랑을 예사롭지 않은 사람으로 여겨 자신들의 왕으로 추대하였다. 한편 홀로 남아있던 세오녀는 남편이 돌아오지 않자 그를 찾아 나섰다. 남편의 신발이 바닷가 바위 위에 있는 것을 발견하고 바위에 올라갔더니, 또 바위가 움직여 세오녀도 일본에 가게 되었다. 부부는 일본에서 다시 만났고 연오랑을 따라 세오녀도 귀비貴妃가 되었다. 그런데 이때 신라에서는 해와 달이 빛을 잃어 천지가 어두워졌다. 일관日官은 해와 달의 정기精氣가 일본으로 가버려서 생긴 괴변이라 하였다. 왕은 일본에 사자使者를 보내어 연오랑과 세오녀를 데려오려 했으나, 연오랑은 세오녀가 짠 고운 비단을 주며 이것으로 하늘에 제사 드리면 된다고 했다. 신라에 돌아와 그 말대로 했더니 해와 달이 다시 빛을 찾았다. 이에 신라는 그 비단을 국보

로 삼았고, 비단을 넣어둔 창고를 귀비고貴妃庫, 하늘에 제사 지낸 곳을 영일현迎日縣이라고 하였다.'

지금 포항의 호미곶에는 이 이야기에 따라 연오랑·세오녀의 동상이 세워져 있다. 여기가 연오랑이 일본으로 건너간 곳이라는 주장이다. 그러면 이곳을 떠난 바위가 일본 어느 지역에 다다랐을까? 물길을 따라 이즈모에 도착했음은 너무 당연한 일이 아닐까? 더구나 이즈모라는 뜻도 '해 뜬 마을'이고 보면 더더욱 확신감을 갖게 한다.

지금 내 눈앞에 보이는 이 돌섬. 어쩌면 이 돌섬이 연오랑·세오녀가 신라 동해안에서 물길을 따라

포항 영일만에 세워진 연오랑 세오녀의 동상. 포항 호미곶에서 바라본 동해 바다 건너편에 이즈모가 위치해 있다.

타고 온 바위가 아닐까? 지금 이 바위 위에는 자그마한 신사가 세워져 있고, 수많은 바다 갈매기들의 쉼터가 되었다. 이렇듯 이즈모 지역은 연오랑·세오녀 전설과 관련된 곳임은 분명한 듯하다.

이와 관련하여 이즈모 앞 바다에 있는 오키섬(隱岐島)의 전설에도 귀 기울일 필요가 있다. 이곳에는 조상들이 서방천리 가라사로국加羅斯呂國(혹은 韓之除羅國)에서 온 목엽인木葉人, 곧 나뭇잎으로 만든 옷을 입은 사람들이었다는 기록이 아직도 남아있다. 가라사로국은 당연히 신라국을 말함이었다.

또 이즈모 대사 주변에 가라카마(韓龜) 신사라는 곳도 있다. '가라카마'라는 말도 '신라의 거북'이라는 뜻이고, 또 이곳에는 신라에서 바다를 건너왔다고 알려진 바위도 있다. 다만 이 바위를 타고온 자가 연오랑이 아니라 스사노오로 전해지고 있을 뿐이다. 이즈모 신화의 주인공인 스사노오가 연오랑·세오녀 이야기와 섞인 것이다. 아니, 어쩌면 바위를 타고 온 연오랑과 신라에서 아들과 함께 출발하여 이즈모에 도착한 스사노오가 동일 인물일지도 모르는 일이다.

## 🎏 신라에서 끌어온 땅

그리고 또 한가지 사실!

고대 이즈모 지역에는 국토 끌어오기(國引き) 신화가 있다. 먼

옛날 이곳 이즈모는 자그마한 나라였다. 어느 날 이 나라의 어떤 한 신이 "구름이 사방으로 퍼지는 이즈모라는 나라는 작은 나라구나. 앞으로 더 넓게 만들어야겠다."고 생각하였다. 그래서 여기 저기서 땅을 끌어와 이곳 해안에 붙여 나라를 넓히었다. 사키(佐伎), 요나미(良波), 고시(高志)와 같은 지역들이었다. 이들 지역 대다수는 한반도의 고구려 등에서 끌고 온 땅이었다.

그 중 이즈모에서 중요한 지역이 이곳 히노미사키였다. 이즈모가 너무 좁다고 생각한 신은 신라에서 땅을 끌어오면서, "고금지라栲衾志羅의 곶을

이즈모 대사에 세워진 이즈모 풍토기에 등장하는 이나바(因幡)의 흰토끼 이야기를 형상화한 모습.고난에 처한 흰토끼를 오오아나모치(大穴牟 神. 오오쿠니의 다른 이름)가 구해 준다.

여분의 토지로 이으니 국토가 넉넉하구나"라고 했
다. 고금지라는 당연히 '신라'였다. 갈대를 헤쳐 세
줄로 꼰 새끼줄로 풀을 당겨오듯 신라의 땅을 슬
슬 조용히 끌고 온 것이다. "나라여 와라, 나라여
와라"하면서 이렇게 끌고 온 나라는 고즈(去豆)의
절벽에서 야호니키즈키(八穗爾支豆支)의 곳까지였
다. 곧 지금의 히노미사키 언덕 일대가 바로 신라
에서 끌어온 땅인 것이다.

　이런 연유를 가진 '본래' 신라의 땅을 밟으니 마
치 그 옛날로 돌아간 듯한 느낌이 몰려왔다. 물론
국토 끌어오기 신화는 그대로 믿기 보다는 여러
각도에서 해석할 수 있다. 이런 저런 상상의 나래

숙소앞에 있던 시마네현
의 신지호(宍道湖). 고
대에 이곳은 원래 바다
였고 이즈모대사가 있
는 이즈모 지역 일대는
섬이었다. 곧 신라 등 한
반도로부터 끌어온 땅
이었다.

를 펴면서 등대를 내려와 히노미사키 신사로 향했다. 신라에서 끌어온 땅이니만큼, 이곳은 옛 신라와 다름없었을 것이다.

그러한 연유로 이곳 신사가 자리한 뒷산이 한국산韓國山, 곧 '가라쿠니산'이었다. 예전에는 이 산에 신사가 있었는데 소위 '한국韓國 신사'였다. 그러나 지금 이 산 앞에는 히노미사키 신사가 들어서 이곳과는 아무런 연고가 없는 아마테라스와 스사노오를 제신으로 모신 두 개의 신전이 불균형스럽게 세워져 있다.

히노미사키신사의 모습과 뒷산인 한국산. 그 아래 한국신사가 있다.

## 开 초라한 한국신사

그런데 걱정이 앞섰다. 한국신사의 모습을 찾을 수 있을까? 한국산 아래 아주 자그마하고 초라한 한국신사의 모습이 남아있다 했는데, 언뜻 귀동냥한 바로는 한국신사의 흔적을 지웠다는 소문을 어디선가 들었기 때문이다.

나는 히노미사키 신사에 도착하자마자 서둘러 히노미사키 신사의 옆을 돌아 한국산 앞으로 달려 갔다. 자그마한 신사가 보였다. 그러나 팻말이 보이지 않았다. 가슴이 덜컥 내려앉았다. 역시 소문대로 흔적을 지워버렸는가? 가까이 다가가 앞의 판

히노미사키신사의 모습.

히노미사키신사의 뒷편에 초라하게 위치한 한국신사의 모습.(③)
한국신사의 모습(②)과 한국신사의 초라한 현판.(①)

| ① | ② |
|---|---|
| ③ | |

자와 둘러친 금줄 뒤를 살펴보았다.

아, 있었다!

뒤편에 '한국신사'라는 빛바랜 팻말이 보였다. 숨어있었던 것이다. 그러나 안심한 것도 잠깐이었고 곧 이어 서글픔이 몰아쳤다. 너무 작고 초라한 모습이 나를 슬프게 했다. 히노미사키 신사의 말사로 취급받고 있었던 것이다.

일본에서는 큰 신사에 딸려있는 작은 신사를 섭사攝社 혹은 말사末社라 부른다. 신사에 따라서 다수의 섭사나 말사를 가진 곳도 있지만 그렇지 못한 신사도 많은 편이다. 한 예로 이세신궁의 경우는 125사의 섭사·말사를 거느리고 있으며, 이즈

시마네현의 현청 소재지 마쓰에시松江市

모 대사에도 몇 개의 섭사가 딸려 있다. 이즈모 대사의 섭사 중 하나가 뒤쪽 신체산인 야쿠모 산 기슭에 스사노오를 제신으로 모신 소가신사(素鵞社)이다.

그러고 보면 이즈모 대사나 이곳 히노미사키 신사 모두 주객이 바뀌어버린 모습이다. 이즈모 대사는 신라에서 건너온 스사노오가 주신主神이 되었어야 했을 터이고, 한국산 밑에 중심 신사는 분명 한국신사였을 터인데. 이렇게 구석진 곳에 내팽겨지듯 한 초라한 한국신사의 모습을 보니 울분감이 솟아올랐다. 제멋대로 역사를 뒤트는 이들의 모습에서 이리 저리 뜯기고 왜곡되어버린 우리역사의 참담한 현실이 생각나는 것은 나만의 지나친 감정일까?

옛날 신라의 신과 사람들이 몰려들었던 '태양의 언덕'으로 해가 저물고 있었다. 바빴던 하루 일정을 매듭지으면서 석양을 등지고 숙소로 향했다.

## ㅠ 이즈모는 곡옥의 땅

설래임을 품고 보낸 이즈모에서의 첫날이 지나고 다음 날, 이즈모의 옥작玉作 자료관을 둘러보았

【옥玉】고대 동아시아에서 옥은 특히 종교적으로 주목을 받았다. 옥은 사악한 기운을 물리치고 몸을 보호하는 '호신부護身符'의 역할을 하고, 신과 소통하기 위해 바치는 제물이었으며, 세계의 기운을 조화롭게 다스려야 하는 왕권을 상징하는 신물神物이기도 했다. 『월절서越絶書』는 "무릇 옥이란 또한 신물神物이다."(夫玉, 亦神物也.)라고 했다. 근래 발굴된 홍산문화의 유적지에서 신석기시대의 정교한 옥제품이 다량으로 출토된 것으로 미루어 볼 때, 고대인들이 옥의 이러한 기능들을 중시한 증좌라고 하겠다(정재서, 『정재서 교수의 이야기 동양신화 2』, 황금부엉이, 2004. 246쪽). 『예기』 「옥조」에는 옛날 군자들은 몸에 반드시 옥을 차고 다녔는데, 아무런 이유도 없이 옥을 몸에서 떼어놓지 않는다고 하여 군자의 덕을 옥에 비유하였다.

다. 앞에서 이야기했지만, 일본신화에서 뱀과 용은 같은 뜻이다. 그리고 일본 왕실의 상징은 거울, 칼, 곡옥 삼종의 신기로 나타나고 있다. 여기서 곡옥, 곧 굽은 옥玉이 바로 이러한 용을 뜻했다.

옥은 신교문화의 본류였던 동북아 문명인 홍산문화紅山文化에서 옥기시대玉器時代가 설정될 정도로 대표적이고 상징적인 유물이었다. 이러한 곡옥은 한반도 남부의 고대 유적에서도 무수히 발견되어 왔다. 고구려와 백제 그리고 신라의 고분에서도 발견되었고, 1971년에 공주지역에서 발굴된 백제의 무령왕릉에서는 환두대도와 동경銅鏡과 함께 다수의 곡옥이 발견되기도 했다. 뿐만 아니라 신라 왕관에서도 찾아볼 수 있는 유물이다. 이러한 옥이 일본 왕실의 상징인 삼종의 신기에도 포함되어 있고, 이 곡옥이 용의 형상을 의미했던 것이다.

일본열도에서 이런 곡옥의 원석 생산지가 이즈모 지역이었다. 곡옥을 만드는 기술은 야요이(彌生)시대에 한반도로부터 벼농사 문화가 들어오면서 함께 일본열도로 유입되었던 것으로 알려지고 있다. 그리고 1969년 이즈모 지역에서 발굴된 유적에

【홍산문화】1935년 랴오닝 성 츠펑시(赤峯市) 홍산에서 많은 신석기 유적과 돌로 쌓은 묘(적석묘) 등이 발견되어 세계를 놀라게 하였다. 1980년대 이후 옥기 부장묘, 제사 유구와 그 유물이 합쳐진 대규모 유적군을 이루는 우하량 유적의 발견되었고, 대형제단大型祭壇, 여신묘女神廟, 돌을 쌓아 묘실을 구성하는 적석총積石塚 등이 발굴되었다. 또 옥기로 만들어진 용龍과 봉鳳의 형상물도 100여 개 이상 발굴되었다. 이 유적지는 이미 당시에 계급이 분화되고, 사회적 분업이 이루어지고 있었으며, 고대 국가의 기반을 갖추고 있음을 보여주는 놀라운 유적이었다. 고조선문화의 전 단계인 홍산 문화는 동북아시아의 강대국가를 이룩했던 고조선의 선조들이 이룩한 문화로 인정돼고 있다.

서는 야요이부터 헤이안(平安) 시대에 이르기까지, 여기서 곡옥을 생산하여 전국에 보급했던 것으로 드러났다. 뿐만 아니라 이즈모 곡옥 장인들은 아직도 일본왕실의 곡옥을 생산하고 있다.

곡옥과 관련하여 또 한가지 흥미로운 내용이 있다. 이즈모 대사의 보물전에 전시되어 있는 모자곡옥母子曲玉이었다. 이러한 모자곡옥은 국립경주박물관에도 소장되어 있는데, 그 몸체에는 81개의 홈이 파여져 있는 것이 특징이다.

『본초강목』에 의하면 "용의 등에는 81개의 비늘이 있는데"(其背有八十一鱗) 그것은 양수 중 가장 큰 '9'를 두 번 곱한 것(9×9=81)이라고 하였다. 그리고 예로부터 "용생구자龍生九子" 곧 용에게 아홉 자식이 있다고 하여 '9'라는 수가 용과 특별한 관계를

(좌)옥작자료관의 옛 모습.
(우)이즈모 옥작자료관의 기념스템프.

| ① | ② |
|---|---|
| ③ | |
| ④ | |

① 아다치미술관 표지석.

② '일본제일의 정원' 표
지석.

③ 아다치미술관의 정
원. 인공으로 조성한 것
이다.

④ 아다치미술관의 정원
감상

맺고 있다고 알려졌다. 이처럼 '9'는 용과 관련된 숫자로, 사회적으로 왕이나 황제를 상징했고 모자곡옥의 홈은 용의 비늘을 상징하였다. 이러한 곡옥과 용의 연관성이 일본에서도 보여졌던 것이다. 앞서 살펴보았듯이 야쿠모산이 뱀산이었다는 사실이나 일본 전역의 용사신앙에서 볼 수 있는 뱀 신앙도 모두 용 신앙의 변형이었다.

옥작 자료관을 한 바퀴 돌고 자료 몇 권을 주섬 주섬 챙기자 오전시간이 훌쩍 지나가 버렸다. 비행기 출발시간까지는 여유가 좀 있기에, 주변에 있는 '일본 제일의 정원'이라 소문난 아다치(足立) 미술

요나고 공항의 상공에서 본 모습.

관의 정원도 둘러보았다. 그러는 사이에 점심 무렵이 되었다. 시마네현 동쪽에 맞닿아 있는 돗토리현(鳥取縣)으로 넘어가 요나고(米子) 공항으로 갔다.

이번 탐방의 모든 일정을 마친 것이다. 공항식당에서 간단히 점심을 해결한 뒤 비행기에 올랐다. 대낮인데도 잠이 몰려온다. 깨어나면 이즈모에서 돌아다니며 보았던 것들이 일장춘몽으로 느껴지겠지. 아직도 여전히 몇 가지 풀지 못한 숙제는 마음속에 남아 있었다. 그래도 이즈모 지역 탐방은 필자가 표제로 내건 '일본의 고신도는 한민족 신교의 유속遺俗'임을 밝히는데 큰 소득을 얻어서 그런지 풍족한 마음으로 눈을 감았다.

돗토리현의
요나고공항의 식당.

복원된 이즈모 고층신전의 모형.

*Chapter 2*

# 일본열도와
# 고조선의 흔적들

옥산신사

# 1. 단군왕검이 평정한 쿠마소

【가고시마 현】가고시마 현은 규슈의 최남단에 위치하며, 현내에는 천손강림신화의 다카치호봉과 한국악韓國岳을 둘러싼 기리시마(霧島)산군, 사쿠라섬, 남족 해상의 야쿠섬을 포함한 일본 제1호 '기리시마야쿠 국립공원'이 있다. 옛 막부시대 사쓰마 번이 있던 곳으로 메이지 유신과 관련된 많은 사적이 남아있다. 바로 위에는 쿠마모토현과 미야자키현이 인접해 있다

## 开 사이토바루 고분군

또 하루가 밝았다. 오늘 눈을 뜬 곳은 일본열도의 서쪽 끝인 큐슈(九州)지역의 최남단에 위치한 가고시마(鹿兒島)였다. 몇일 전에 큐슈 미야자키시(宮崎市)의 서북쪽에 있는 사이토바루(西都原) 고분군을 답사한 적이 있었다. 시간에 쫓겨 저녁 어둑어둑할 무렵에 보았지만, 사이토바루 고분군의 81

호 전방후원분은 아직도 또렷하게 내 눈에 잔상으로 남아 있었다. 어쩌면 역사의 수수께끼에 한가닥 실마리를 제공한 고분이었기 때문이다.

여기는 경북 고령의 고분군처럼, 대부분 피장자가 누구인지 확인이 안되고 있는 곳이다. 1910년대에 고분 7기를 발굴한 적이 있었으나 이 역시 확실한 피장자가 누구인지 밝혀내지 못했다. 이런저런 설만 분분한 실정이다. 일본 사학자들 중 일부는 이 고분군이 대륙의 도래족, 한반도 도래인들일 것이라 추정하기도 한다.

일제 강점기, 최남선은 '역사'를 연구하면서 이렇게 지적했다. "동방문화의 시원상태는 … 조선을

사이토바루 고분군의 고분 중 유명한 귀신굴 (鬼の窟) 고분.

중심으로 하여 조선의 비장秘藏된 옛 문이 열림을 기다려서야 비로소 시작될 것"이라고. 곧 조선의 옛 역사에 대한 이해를 통해서 동방 각 문화의 시원을 밝힐 수 있을 것이라는 지적이었다.

사이토바루 고분군이나 일본 고대사를 연구할 때도 최남선의 지적은 꼭 고려해야 될 사항이다. 이와 관련하여 주목할 만한 내용이 한민족의 옛 도가사서인 『환단고기桓檀古記』에 전해지고 있다. 『환단고기』「단군세기」 '35세 단군 사벌沙伐 재위 68년'의 내용을 보자.

"BCE 723년 단제께서 장군 언파불합彦波弗哈을 보내 바다 위의 웅습熊襲을 평정하였다."(茂午五十年帝遣將彦波弗哈平海上熊襲)

(좌)가고시마 안내판.
(우)가고시마 수관도원을 찾아가는 길. 표지판에 이 지역의 유명한 사쿠라섬 안내가 보인다.

# 卅 쿠마소

바다 위의 웅습熊襲.

웅습을 일본어로는 '쿠마소'라 읽는다. 쿠마소는 일본 규슈의 남부, 곧 사이토바루 고분군의 남쪽인 현재의 가고시마(鹿兒島) 지역을 중심으로 한 그 일대를 지칭한 명칭이었다. 『환단고기』에는 바로 이 쿠마소를 BCE 723년에 사벌단군이 언파불합 장군을 보내 평정하였다는 내용이 기록된 것이다.

일본 고대사를 볼 때, 일본열도에서 최초로 국가다운 형태를 갖춘 나라는 오사카(大阪)와 나라(奈良)가 있는 긴기(近畿) 지역에 세워진 야마토(大和) 정권이었다. 그러나 쿠마소는 그 이전부터 존재

(좌)가고시마 시내의 모습. 성산공원이 근처에 있음을 알려주고 있다. (우)갑돌천에 놓인 고려교의 모습. 멀리 성산이 보인다.

## 韓国宇豆峯神社
からくにうずみね

祭　神　五十猛命
　　　　いそたけるのみこと
創建年代　不明
神　事　三月九日　新年祭
　　　　（農耕・播種・奉射の田植え神事）

大隅五座のひとつ。『延喜式神明帳』（九二七）に『大隅国囎唹郡韓国宇豆峯神社小』とあり、式内社（三一三二座）で、韓国、辛国、韓、などが付く神社名は、宮内省一座、河内国一座、出雲国七座、豊前国一座、大隅国一座があります。

『続日本紀』によると、和銅七年（七一四）すなわち大隅国設置の翌年に、豊前国から二百戸（約五千人）の民を隼人を教導するため建立したものと伝えられています。
そのときに、韓国神も移動して建立したものと伝えられています。

『宇佐記』によりますと、欽明天皇三二年（五七一）癸卯二月、豊前国宇佐郡菱形地の上小椋山に祭られたのを当地宇豆峯の山頂に遷座され、さらに国司の進言により永正元年（一五〇四）甲子十二月、現在の地に奉還した」との記録があります。また、神社由緒書にも豊前国から遷されたと明記されており、豊前国とゆかりのあることが推定させられます。

(위)한국우두봉신사
표지판.
(아래)한국우두봉신사.

(위)옛 가고시마의
안내도. 중앙에 성산城
山이 보인다.
(아래)신라의 신을 모신
거세신사의 표지석과 거
세신사의 모습.

해온 나라였던 것이다.

아직도 이곳 가고시마 일대에는 쿠마소와 관련된 지명들이 곳곳에 남아있다. 현재 큐슈 가고시마현의 고쿠분(國分) 지역에 조성된 성산공원城山公園은 원래 쿠마소성(熊襲城) 뒷산 일대를 공원으로 만든 것이다. 이 쿠마소성 근처에는 가야신伽倻神을 제신으로 하는 한국우두봉韓國宇豆峰(가라쿠니우도우미네) 신사도 있다. 쿠마소성이 있는 산자락에서 북쪽으로 보면 우두봉宇豆峰이 있고, 한국우두봉 신사는 초라한 형태이지만 그 산 자락에 있는 것이다.

또 가고시마현 아이라군(姶良郡) 하야토 마을(隼人町) 북쪽에는 묘견妙見온천이 있는데, 그 산마루에도 쿠마소라는 커다란 굴이 있다. 소위 웅습굴熊襲窟이라 한다. 그리고 하야

가고시마신궁의 하야토무덤.

토 마을에는 이 쿠마소족의 영혼을 달래주기 위한 하야토 무덤(隼人塚)이 있다. 이 하야토 무덤의 옛 이름은 쿠마소 무덤(熊襲塚)이었던 것이다.

## 开 하야토 무덤

쿠마소와 하야토!

하야토 마을의 하야토(隼人)는 무엇일까? 이는 쿠마소 지역에 거주했던 사람들을 가리키는 말이다. 『환단고기』에 기록되었듯이 단군왕검이 평정한 쿠마소, 그리고 이곳에 거주하던 하야토. 뭔가 관련이 있을 성 싶다.

한국의 원로 재야사학자 김향수는 '쿠마소와

가고시마 기리시마시 하야토 마을의 석상-정복된 쿠마소의 원령을 달래기 위해 708년 조성된 무덤이다.

하야토는 한반도와 그 사람들을 지칭하는 말'이라 했다. 왜냐하면 쿠마소는 '곰(熊)의 습격(襲)'과 같은 우람한 도래족의 위세를 나타내는 말이고, 하야(隼)는 원 뜻이 맹금류인 보라매로서 '하야토(隼人)는 독수리 인간, 즉 독수리나 매처럼 하늘에서 날아온 인간'이라는 말이기 때문에 한반도 도래인을 칭하는 말이라고 그 근거를 들었다.

우리는 쿠마소, '곰의 습격'이라는 말에서도 한민족의 흔적을 찾기는 어렵지 않다. 주지하다시피 쿠마(熊), 즉 곰은 바로 고조선의 건국시조인 단군왕검을 잉태한 곰족 토템의 부족에서 유래한 말이다. 그렇다면 '곰의 습격'이라는 말 속에는 고대 곰 토템을 지녔던 한민족이 이곳으로 도래하여 평정하였음이 내포된 것이다.

그리고 고대 한자 자전 『설문說文』에 따르면 '습(襲)'은 원래 '시신에 입히는 옷', 수의壽衣를 뜻했다. 그러다 점차 시간이 지나면서 '옷을 덧입다' '거듭하다' '이전 것을 따라 하다'는 의미로 발전했다. 여기에서 '계승하다'는 뜻이 나왔던 것이다. 그래서 자식이 선대의 봉작封爵을 물려받은 것을 '습봉襲封'이라 했고, 관직을 물려받는 것을 '습직襲職'이라 일컬었다. 이런 의미로 볼 때, 웅습熊襲은 바로 곰족의 전통을 물려받았음을 뜻했던 것이다.

쿠마소로 들어온 세력은 이곳에 살던 왜소했던 사람들과는 체격이 판이하게 달랐다. 곰처럼 거대한 9척 장신의 거인들이었던 것이다. 그들이 바다를 건너 이 지역을 습격했기 때문에 음音이 같은 웅습熊襲으로 불렸던 것이다. 그 후 이 지방에는 가야인·신라인 등 한반도로부터 사람들이 몰려들었고, 그들은 앞서 쿠마소에 거주하던 이들 선주先住 세력과 공존·동화되어 나갔다. 그리고 점차 상당수가 야마토 민족에 동화되어 버려 지금은 찾아보기 힘들게 되었다.

## 卍 고조선의 쿠마소 평정

이렇게 본다면, 일본 고대 역사가 바로 고조선 시대부터 한민족과 연결되었음을 어렵지 않게 알 수 있는 것이다. 한민족 역사는 삼성조(환인·환웅··단군) 시대로부터 시작되었다. 곧 환인의 환국, 환웅의 신시 배달, 그리고 단군의 고조선으로 이어졌다.

환국은 7대 환인이 3,301년간 통치했고, 배달은 18대 환웅천황이 1,565년간, 그리고 고조선은 47대의 단군이 2,096년간 통치하여 고대사에 전성기를 누렸다. 사벌沙伐 단군은 고조선 시대의 35세로 68년간 재위하였고, 재위 50년인 곧 BCE 723년에 언파불합 장군을 보내 해상의 쿠마소를 평정하였던 것이다.

이 뿐만이 아니었다. 36대 매륵買勒 단군은 재위 38년(BCE 667)에 협야후 배반명을 보내 해상의 적을 토벌하였고, 12월에는 삼도三島(미시마)를 모두 평정하였다("甲寅三十八年遣俠野侯裵命徂討海上十二月三島悉平"『환단고기』 '단군세기'). 보통 삼도三島는 일본열도가 혼슈(本州), 시코쿠(四國) 그리고 큐슈의 세 개의 섬으로 이루어져 있어 일본열도를 뜻한다고 보는 시각이 일반적이다.

그러나 필자는 삼도가 일본열도 전체를 가리키기 보다는 일본열도 중 특정한 지점을 가리킬 수 있다고 생각한다. 왜냐하면 고대 역사기록에는 특정 지명地名을 사용하는 것이 일반적이었으므로, 삼도三島라는 개념으로 일본열도 전체를 지칭하는 것은 신뢰성이 약하다. 만약 그렇다면 삼도를 어디였을까? 필자의 추측으로는, 36대 단군이 협야후

가고시마현 동북부에 위치한 기리시마시의 모습. 이곳에서 하룻밤을 머물렀다.

를 보내 평정한 삼도가 고대부터 있었던 현재 오사카부(大阪府) 지역의 미시마군(三島郡)이 아닐까 싶다.

이곳에는 『일본서기』에도 고대 유물들이 발견되는 '세쯔국(攝津國)의 미시마군(三島郡)'이라 기록되어 있고, 또 고대 일본 최초의 백제신 사당으로 유서깊은 미시마카모신사(三島鴨神社)도 있다. 일본왕실의 신상제新嘗祭에서 부르는 노래[가쿠라神樂歌] 첫머리에도 "미시마 무명(三島木棉) 어깨에다 걸치고"라는 가사가 나온다. 이 역시 이곳에서 생산된 최고급 무명을 말하고 있는 것이다.

이렇게 볼 때, 앞의 「단군세기」의 내용은 일본의 초대 신무왕=협야후가 BCE 667년 큐슈를 출발하여 현재의 오사카부를 포함한 기내畿內의 야마토 지역으로 동정東征하여 BCE 660년 야마토 왜를 연 사실을 말한 것이다. 또 같은 내용이 『태백일사』 「삼한관경본기」 '마한세가 하'에도 기록되었다. "갑인(BCE 667)년에 협야후에게 명하여 전선 500척을 거느리고 해도海島를 거쳐 왜인의 반란을 평정하였다."(甲寅命陜野侯 率戰船五百艘往討海島定倭人之叛).

그러면 쿠마소를 평정한 언파불합 장군, 삼도三島를 평정한 협야후 배반명은 어떤 인물이었을까. 이를 밝혀보는 일도 매우 흥미로울 것이다. 관련자료가 거의 없기 때문에 여기서 이를 자세히 논할 수는 없지만, 우선 나의 견해를 간단하게 피력해본다면, 쿠마소를 평정한 언파불합 장군은 일본왕의 제일 상단에 있는 초대 신무왕神武王의 아버지이고, 협야후 배반명은 신무왕으로 추정된다. 왜냐하면 『일본서기』를 보면, 신무왕은 神日本磐余彦尊 혹은 狹野尊이라 했고, 그 부친은 彦波瀲武鸕鶿草葺不合尊이라 하였다. 물론 신무왕 및 그를 1대로 한 만세일계萬世一系의 왕통 계보가 일본이 조작한 허구로 꽉 채워진 것이긴 하지만.

## 丙 일본의 쿠마소 정벌

일본왕의 계보를 따라 내려오다 보면, 『일본서기』에도 '쿠마소'에 대한 내용이 나온다. 아직도 일본에는 '일본'이라는 명칭이 사용되지 않았고, 다만 '야마토 왜' 정권이 수립되고 있었던 시기이다. 제14대 중애왕仲哀王 8년 9월조에 있는 '쿠마소(熊襲) 정벌' 내용이 그것이다.

중애왕의 재위기간은 일본 역사서에 192~200년이라 기록되었다. 하지만 일본 역사가들도 모두 인정하고 있듯이, 일본 초기 왕들은 실재하지 않았던 가상의 왕들이며, 또 일본의 고대사를 한반도 및 중국의 역사와 꿰맞추기 위해 초기 왕들의 재위기간을 2주갑(약 120년) 상향 조정했던 것이다. 이러한 사실들을 고려한다면, 중애왕의 재위기간은 대략 312~320년으로 볼 수 있다.

중애왕의 사망 직전에 이루어진 '쿠마소 정벌'의 내용을 간추려 보면 다음과 같다.

'쿠마소가 반란을 일으켰다. 왕은 쿠마소를 치려
했다. 군신에게 명하여 쿠마소를 칠 것을 의논하
라 하였다. 이때 신神이 나타나 말하길 "왕은 어
찌하여 쿠마소가 복종하지 않는 것을 걱정하는
가. 이는 여육膂宍의 공국空國이다." 그런데도
왕은 신의 말을 듣지 않고 무리하게 쿠마소를 쳤
으나, 결국 이기지 못하고 돌아왔다.'

즉 일본의 제 14대 중애왕이 쿠마소가 복종하
지 않자 큐슈로 내려가 정벌했으나 실패하였음을
기록한 것이다.

하늘에서 본
후쿠오카의 모습.

그런데 또 흥미로운 기록이 있다. 이 기록을 더 따라가 보면, 이 쿠마소가 신라와 연결되었음도 찾아볼 수 있는 것이다. 내용을 간추리면 이렇다.

'신라가 일본과 가장 가까웠고 그 세력도 대단히 강했다. 쿠마소가 이따금 불복한 것도 이 신라가 부추겼기 때문이다. 신라를 굴복시키면 쿠마소도 저절로 평정되리라 여겼다. 얼마 뒤에 신라가 일본의 위덕에 굴복했으므로 쿠마소도 자연히 조용해졌다.'

그리고 이 과정에서 신공神功왕후라는 듣도 보도 못한 무녀격의 세력자가 등장하였던 것이다. 여기서 그녀가 신라를 정벌했다는 뜬금없는 역사왜곡이 이루어졌다. 그러나 이 기록은 많은 일본학자들도 신뢰하지 않았고, 최근 한일공동역사연구회에서는 명백히 왜곡된 역사기록이라고 확정해버렸다. 신공왕후는 중애왕의 왕비였다.

## 兀 응신왕은 의라왕

왜곡된 기록이긴 하지만, 이를 좀 더 살펴보자. 이 신공왕후가 소위 '신라정벌'을 마치고 돌아오는 길에 북큐슈에서 아들을 낳았다는 내용이 보인다. 이가 바로 15대 응신왕應神王이었다.

응신왕은 야마토 왜의 군건한 기반을 마련한 왕으로 잘 알려져 있다. 3부에서 보겠지만, 응신왕의 통치기가 되자 한반도로부터 많은 도래인들이 일본열도로 들어왔고, 백제로부터 아직기와 왕인 등도 와서 학문을 전했다. 비로소 일본열도에 최초의 고대 국가가 꽃핀 시대였던 것이다.

이런 내용을 보더라도『일본서기』에 기록된 신공왕후의 신라 정벌 기록은 몇가지 숨겨진 사실을 왜곡한 것에 지나지 않는다. 우선 그것은 한반도로부터 도래한 세력들이 야마토 정권을 확립 하는 과정을 상징적으로 표현한 것으로 보인다. 다만 이 과정에 서 한반도와의 인연을 끊기 위해 내용을 완전히 뒤집어 신라정벌 이라는 어처구니 없는 내용으로 왜곡한 기록이었던 것이다.

이 응신왕과 관련된 내용은『환단고기』「태백일사」 '대진국본 기'에서도 찾아볼 수 있다. 그 기록은 다음과 같다.

"정주는 의려국이 도읍한 곳인데 선비 모용외에게 패배한 후 핍박받을 것을 근심하여 자살하려다가 문득 생각하기를 '내 혼 이 아직 꺼지지 않았으니 어디에 간들 이루지 못하랴' 하여 몰 래 아들 부라, 곧 의라에게 부탁하고 백랑산을 넘어 밤에 해구 를 건너게 하였더니 따르는 사람이 수천이었다. 마침내 바다를 건너 왜인을 평정하고 왕이 되었다. 자칭 삼신의 부명에 응한다 하고 군신으로 하여금 하례의 의식을 올리게 하였다."(正州依 慮國所都 爲鮮卑慕容庹所敗 憂迫欲自裁 忽念我魂尙未泯 則何 往不成乎 密囑于子扶[依]羅 踰白狼山 夜渡海口 從者數千 遂渡

定倭人爲王 自以爲應三神符命 使群臣獻賀儀)

또 이어서 이렇게 말했다.

"혹자가 말하길 '의려왕이 선비에게 패배하여 바다로 들어가 돌아오지 않았다. 아들들이 도망하여 북옥저를 지키다가 이듬 해에 아들 의라가 즉위하니 이 뒤로부터 모용외가 또 다시 나라 사람들을 노략질하였다. 이에 의라가 무리 수천을 거느리고 바다를 건너 드디어 왜인들을 평정하고 왕이 되었다'고 전한다." (或云 依慮王 爲鮮卑所敗 逃入海而不還 子弟走保北沃沮 明年 子依羅 立自後 慕容廆 又復侵掠國人 依羅 率衆數千 越海 遂定 倭人爲王)

이 기록을 보면 앞서 야마토 왜를 반석위에 올려놓은 응신왕이 누구인가를 어렵지 않게 알 수 있다. 응신왕은 곧 의라였던 것이다. '응신應神'이라 한 것은 '삼신의 명에 응한다'는 뜻이었음도 알게 된다.

## ㄇ 쿠마소는 심복 같은 나라

다시 쿠마소 정벌 내용으로 돌아가 보자. 여기서 쿠마소를 '여육의 공국'이라 함은 무슨 뜻이었을까? 여육膂宍은 고굉股肱의 뜻이기도 하다. 즉 '가장 신임하는 중신'의 뜻이고 '수족과 같은 심복'이라는 뜻이다. 그리고 공국空國은 '가라쿠니'라 읽는다. 이것은 가라韓를 가라空로 바꾼 것이었다. 이러한 예들을 찾기는 어렵지 않다. 가라쿠니 신사(韓國神社)에서 한국韓國의 흔적을 지우기 위해 음이 같은 가라쿠니 신사(辛國神社)로 바꾸는 방법이었던 것이다.

따라서 '고괴의 한국'은 곧 한반도에서 바다를 건너 쿠마소 지역으로 들어간 한민족이 이룬, 그리고 한민족의 뜻을 따른 나라였다. 이들의 특징 중 하나가 전방후원분前方後圓墳을 광범위하게 남긴 것이며, 또 이들이 원래 큐슈 동남쪽 일대의 쿠마소에 있다가 동쪽인 긴기(近畿)의 야마토 지역으로 이동하였다고 보는 사람들도 있다.

이쯤 끌고 왔으면, 서두에서 제기한 사이토바루 고분군 그리고 81호 전방후원분에 묻힌 피장자들이 누구인가를 짐작하기는 어렵지 않을 것이다. 일본열도로 건너와 큐슈 남단의 쿠마소에 터전을 잡았던 한민족의 한 무리. 때문에 81호 고분에서 발견된 토기 하나가 3세기 작품으로 밝혀져 이 고분이 가장 오래된 전방후원분이라는 위치를 갖게 되면서 일본열도의 전방후원분 역사에 파문을 일으켰던 것이다.

【전방후원분】앞쪽 반은 사각형을 이루고 뒤쪽 반은 둥근 모양을 이룬 무덤. 특히 일본 고분시대의 무덤에서 전형적인 모습이 나타난다. 본래 일본에서 서기 3~6세기 고분시대에 지배층 사이에서 유행했던 무덤 양식이다. 최근 전라남도 광주,함평군 등지에서 발견되어 학계에서 논란이 되고 있다.

(아래)아마테라스(天照
大神)의 모습. 아래에는
일본 초대신무왕까지 이
어진 신들이 보인다.

# 2. 천손이 내려온 큐슈 지역

## 开 천손강림신화

일본의 천손강림 신화는 큐슈 지역과 밀접한 관련을 맺고 있다. 일본의 석학 우메하라 다케시(梅原猛)는 일본의 천손강림 신화를 분석하면서, 이 곳 큐슈 쿠마소 지역이 바로 천손족이 들어와 정착한 지역이라고 했다. 곧 아마테라스오오오가미(天照大神. 이하 '아마테라스'라 부르겠다)의 후손인 니니기노미코토(瓊瓊杵尊. 이하 '니니기'라 부르겠다)가 천손족을 이끌고 볍씨와 선진 농경기술 및 양잠 재배 기술을 가지고 한반도로부터 배를 타고 바다를 건너 큐슈 남단 노마(野間) 반도의 가사사(笠沙) 곳에 상륙했다.

그러나 그들은 이곳 기리시마(霧島) 지방의 자연 조건이 농경에 적합하지 못했기 때문에 큐슈 남동부, 현재의 미야자키현 니시우스키군(西臼杵郡)의 다카치호(高千穂) 지방으로 이동했다고 주장했던

【기리시마】 기리시마는 가고시마현의 북동부에 위치하고 있으며, 일본 건국신화를 오늘에 전해주는 다카치호봉(高千穗峰), 신모에다케, 가라쿠니다케(韓國岳, 표고 1,700m) 등의 23개의 화산이 웅장한 자태를 보여주는 곳이다.

①다카치호 마을의 천
손강림과 관련된 신사
의 위치를 알려주는 표
지판.
②다카치호신사와 아마
노이와토신사의 위치를
알려주는 표지판.
③아소산을 넘어 다카
치호 마을로 가는 길.

것이다. 현재 니시우스키 지역에는 다카치호 신사(高千穂神社), 아마노이와토 신사(天岩戶神社), 구시후루 신사(穂觸神社) 등 천손강림 신화와 관련된 신사들이 세워져 있다.

이왕 말이 나온 김에 이를 좀 더 살펴보는 일도 흥미로울 것이다.

『고사기古事記』를 보면, 니니기가 고천원高天原(다카마노하라)에서 내려온 곳이 바로 규슈의 '히무카(日向) 다카치호의 구시후루다케(久士布流多氣)'라 했다. 또 『일본서기』에는 '소호리산 봉우리(添山峯)'라고도 했다. 고천원에서 일본 땅으로 내려온 니니기는 아마테라스의 후손이다. 나중에 이 아마테라스의 후손인 신무神武가 일본의 초대 왕이 되었기 때문에, 아마테라스는 일본 왕실의 조상신('황조신皇祖神'이라 한다)이 되었던 것이다.

니니기는 높은 하늘나라[고천원高天原]에서 일본열도로 내려올 때, 거울·칼·구슬이라는 세 가지 신의 보물[삼종三種의 신기神器]을 갖고, 다섯 부족의 신[오반서五伴緖. 오부신五部神]을 거느리고 왔다. 이 내용을 볼 때면, 필자는 항상 한민족의 고대역

【고사기】 오노야스마로(太安麻呂)가 712년 완성한 일본에서 가장 오래된 신화와 전설을 기록한 역사서이다. 일왕가의 계보와 신화·전설 등을 중심으로 한 이야기로 구성되어 있으며, 상권은 신들의 이야기, 중·하권은 각 대代의 계보와 일왕 및 태자들을 중심으로 엮어져 있다.

# 『일본 신화의 계보』

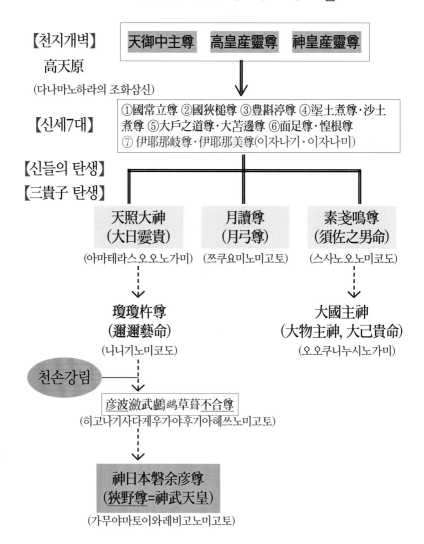

【천지개벽】
高天原

(다나마노하라의 조화삼신)

天御中主尊　高皇産靈尊　神皇産靈尊

【신세7대】

①國常立尊 ②國狹槌尊 ③豊斟渟尊 ④泥土煮尊·沙土煮尊 ⑤大戸之道尊·大苫邊尊 ⑥面足尊·惶根尊 ⑦ 伊耶那岐尊·伊耶那美尊(이자나기·이자나미)

【신들의 탄생】

【三貴子 탄생】

天照大神
(大日靈貴)

(아마테라스오오노가미)

月讀尊
(月弓尊)

(쯔쿠요미노미고토)

素戔嗚尊
(須佐之男命)

(스사노오노미코도)

瓊瓊杵尊
(邇邇藝命)

(니니기노미코도)

大國主神
(大物主神, 大己貴命)

(오오쿠니누시노가미)

천손강림

彦波瀲武鸕鷀草葺不合尊
(히고나기사다게우가야후기아헤쓰노미고토)

神日本磐余彦尊
(狹野尊=神武天皇)

(가무야마토이와레비고노미코도)

사 이야기가 머릿속에 맴돈다. 곧 '삼종의 신기'는 환웅천황이 지상에 내려올 때 가지고 왔다는 '천부인天符印 3개'와 유사하다. 또한 5부 조직도 고대 한민족의 5부部 조직에서 유래된 것으로 보인다. 즉 고구려 지배계급은 소노消奴·절노絕奴를 중심으로 5부로 나뉘었고, 백제 역시 도성을 상·중·하·전·후라는 5부로 나누었다. 그리고 각 부마다 다섯 지역으로 구획하여 각 지역에 5천 명의 군사를 두었던 것이다.

## 岙 높은 하늘나라는 한반도

니니기가 일본열도에 내려왔던 다카치호가 실제 어디일까. 이를 확인하는 작업은 일본 고대사를 주목하는 사람들에게 큰 관심거리였다. 또 학자들에 따라서 비정하는 지역도 다양했다.

그러나 이런 주장들에 앞서 미리 이야기 해둘 것이 있다. 필자는 개인적으로 현재 다카치호의 구시후루다케, 곧 일본인들이 천손강림지라 주장하는 지역들을 신뢰하지 않는다. 일본학자들은 천손강림지를 큐슈 남쪽 기리시마 산지에 있는 다카치호봉 꼭대기나 규슈 중부에 사람들이 접근하기 힘든 산속 깊숙이 있는 니시우스키의 다카치호 지방으로 보고 있다. 곧 산꼭대기나 사람이 접근하기 힘든 산지로 고천원에 있던 천손의 후손이 내려왔다는 이야기다.

고천원, '높은 하늘나라'에서 일본열도로 내려온 곳이 하늘 가까이에 있는 산꼭대기나 산지라는 말이고 보면, 한편 그럴 듯하다. 이는 '높은 하늘나라'를 그대로 저 푸르디 푸른 창공의 하늘을 가르킨 것으로 보았으니 말이다. 일본인들로서는 그리 생각하고 싶을 것이다.

그러나 손바닥으로 하늘을 가릴 수 있겠는가! 여기서 천손강림지를 밝히기 전에 먼저 짚고 넘어가야 할 점이 있다. 곧 고천원, '높은 하늘나라'가 어디였을까 하는 문제이다. 그리고 '높은 하늘나라'는 일본열도로 이주하기 이전 그들이 고향을 말하는 것임을 알아야 한다.

경북고령에 이곳이 고천원이라고 하여 일본신화의 신들의 계보를 새긴 표지석이 서있다.

'강림'은 상대적으로 높은 문화적 수준을 지닌 나라의 천손민족이 문화수준이 낮은 지역으로 이동하였음을 뜻한다. '일본 신도는 삼한의 제천문화의 유습'이라 주장하여 필화사건을 일으켰던 동경제국대학의 구메 구니다케(久米邦武)는 이런 내용을 직접적으로 진술하여 준바 있었다.

그는 "천손강림은 어떤 것이라고 생각하는가?"라는 물음에 이렇게 답했다. "황손이 윗나라(上國)로부터 아랫나라(下國)로 내려온 것이라고 본다"라고.

그러면 높은 하늘나라 곧 윗나라(上國)는? 당연히 한반도를 말함이다. 그러나 일본학자들은 한반도로부터 도래한 사실을 부정하고 싶은 것이다. 때문에 하늘에서 '뚝' 산봉우리로 떨어진 하늘 민족임을 내세우고 싶었다. 따라서 일본학자들은 가급

고천원에서 천조대신이 니니기에게 벼이삭을 주는 모습.

적 사람이 살 수 없는 산꼭대기, 사람이 접근하기 힘든 산지 그리고 가급적 한반도에서 멀리 떨어진 큐슈 남쪽지방으로 천손강림지를 비정하고 싶은 것이다. 이는 진실된 '높은 하늘'을 숨기려는 전략이기도 하였다.

'높은 하늘나라'가 한반도를 가리킨다는 사실은 천손강림신화 그 자체 내용속에서도 여럿 발견된다. 우선 니니기가 일본열도로 내려온 '구시후루'는 어떤 의미였을까. 결론적으로 말한다면, 이는 가락국 시조 김수로왕이 내려온 '구지봉龜旨峰'을 말한 것이다. 『가락국기駕洛國記』에는 김수로왕이 구지봉에 내려왔다고 기록되었다. 구시후루봉은 언어로 보아 이 구지봉과 매우 닮은 꼴을 지녔다.

천손강림하는 니니기의 모습. 칼과 창, 그리고 벼이삭을 들고 있는 모습으로 일본열도가 정복되는 이미지이다.

'일본민족은 한반도를 통해 건너온 기마민족'이라는 설을 주장한 에가미

나미오(江上波夫)도 이러한 유사점에 주목하였다. 그는 일본의 천손강림 신화에서 '구시후루봉'과 '소호리'의 의미를 『가락국기』에 바탕하여 풀어나 갔다. 한국어로 '후루'는 '마을'(村)이다. 그러면 '구 시후루'는 '구지의 마을'이 된다. 그리고 '소호리'는 '도읍'(都)이었다. 백제의 도읍은 '소부리'이며 신라 의 도읍은 '셔블'이었다. 일본의 천손강림 신화가 김수로왕의 '천손강림신화'와 등장하는 지명이 비 슷한 것이다.

또 다른 내용도 있다. 아마테라스의 손자인 니 니기는 고천원을 출발하여 자신이 내려와 도착한 곳을 이렇게 표현했다. "여기는 카라구니(韓國)를 향하고 있고, … 아침 해가 바로 쬐는 나라, 저녁 해

(좌)다카치호신사의 모습.
(우)다카치호신사의 표지석.

가 비치는 나라이니라. 그러므로 여기는 매우 좋은 땅"이라고.

우메하라 다케시는 이 '한국'을 말 그대로 한반도라 받아들였다. 당연한 지적이다. 그러나 에도(江戸)시대 국학자 모토오리 노리나가(本居宣長)처럼, 천손강림지를 미야자키현의 타카치호 봉우리(高千穂峰 1,574m) 봉우리로 비정하는 것이 일반적인 실상이었다. 따라서 그들은 『고사기』의 '한국'을 다카치호봉 앞에 위치한 가라쿠니 봉우리(韓國岳 1,700m)라 해석하였다. 이들의 주장은 참으로 눈물겨운 왜곡의 흔적일 뿐이었다.

또한 미야자키현 우스키 지역도 설득력을 갖기 위해 주변에 다카치호 신사, 아마노이와토 신사, 구시후루 신사 등 천손강림 신화와 관련된 유적지를 만들어 다카치호 봉우리와 서로 '진짜 천손강림지'라 주장하고 있다. 그러나 이 역시 힘겨운 주장에 불과할 뿐이다.

다카치호신사의 고마이누.특이하게 아래에 새끼 고마이누들을 품고 있다.

## ⛩ 고대 큐슈는 한민족의 활동무대

다만 한 가지 분명한 사실이 있다. 그것은 다름 아니라 이 큐 슈 땅은 고대에 한반도와 마찬가지로 한민족의 활동무대였으며, 또한 일본의 어미 땅으로 일본문화 발상지이며 일본 신화의 땅 이었다는 사실이다.

고대 큐슈지방은 한반도로부터 이주한 한민족의 발길이 닿지 않은 곳이 없었던 지역이었다. 한민족의 고대사와 밀접한 관련을 가진 지역 큐슈. 때문에 큐슈의 이곳 저곳에 소위 천손강림지라 비정되는 장소들이 있는 것이다. 대륙으로부터 기마민족들이 들 어왔고, 가야·백제·신라·고구려 백성들이 이곳에 모여들어 문명을 만들고 나름대로 생활을 꾸려 갔던 곳이다.

일본열도에서 벼농사가 시작된 야요이(彌生) 문화가 시작된 곳

【이토국】 고대 일본의 소국 중 하나로, 『삼국지』 '위지 왜인전'에 의하면 말로국末盧國에서 동남쪽으로 뭍[陸]을 500리 가면 있다고 했다. '이伊'는 '신의 의지를 전하는 성직자' 혹은 '다스리는 자'이고, '도都'는 '왕성' '수도'의 의미를 가진다고 했다. 야마타이국의 히미코 여왕은 이토국에 일대솔一大率이라는 관인을 두어 규슈 지역을 감시하게 하고 또 일본열도로 오는 외교 사절 등에 대한 접대역도 담당하게 하였다. 이토국 곳곳에서는 가야산 등이 있고 놀라울 정도로 가야의 것과 닮아있는 철 유물들이 발굴된다. 고대 큐슈 북부는 한반도로부터 새로운 문물을 받아들이는 문명의 선진지역이었다.

도 이곳이다. 큐슈 땅 북부에는 옛 이토국(伊都國)이 위치해 있었다. 현재도 이 지역에는 가야산, 가라쯔, 게야, 시라기 등 한반도와 친숙한 지명들이 남아있다. 또한 중국의 동북방과 한반도 전역에서 발견되는 지석묘도 많고, 일본에서 수많은 청동거울[銅鏡]이 출토된 곳이기도 하다.

그리고 큐슈 사가(佐賀)현 간자키(神崎)군에 있는 요시노가리(吉野ヶ里)는 한반도 문화의 일본 전파 양상을 보여주는 야요이 시대 고대 유적지이다. 이 유적은 BCE 5~CE 3세기의 유적으로, 환호집락(環濠集落)의 형태를 띠고 있다. 여기에는 수공업 생산, 제사터 등의 장소가 있고, 출토된 유물 대부분이 한반도에서 발견된 것과 같았다. 또 볍씨 자국도 발견되어 일본 최초로 벼농사가 시작된 곳으로 보고 있다.

뿐만 아니라 몇몇 조사연구들도 "요시노가리는 외국인 집락"(타케우찌타가오武內孝夫, 『현대』, 1995.2)이며, 이곳에서 출토된 사람의 뼈[人骨]는 기원전 3세기 외국인의 모습으로 "한반도에서 건너온 도래계의 사람들"(아사히朝日신문 1989.9.3)임을 밝혀주기도 했다.

일본 국립민속학박물관의 오야마 슈죠(小山 修三) 교수는 고대 일본의 인구변화에 주목한 학자였다. 그는 죠몬시대(繩文時代. BCE 4세기) 말기에 일본열도의 총인구가 약 7만 5,800 여명이었는데, 야요이 시대로 들어갈 무렵에는 '갑자기' 59만 4,900 여명으로 증가하였다고 지적했다. 짧은 시기에 약 8배 정도 불어난 것이다. 그리고 그들이 일본열도에 새로운 야요이 문명을 연 것이다. 이렇게 새롭게 몰려들어 새 문명을 연 사람들은 누구였을까?

큐슈남부의 기리시마 산지에 있는 한국악. 앞에는 천손강림지라 알려진 타카치호 봉우리가 있다.

① 요시노가리 마을에 세워진 도리이

② 요시노가리 마을의 울타리와 망루

③ 마을에 복원시킨 왕의 집

④ 마을에서 공동묘지로 가기전에 제사를 모신 곳이다. 신단수의 형태를 엿 볼 수 있다 .

⑤ 왕과 부인을 복원시킨 모습(한국인에 가까운 모습이다)

⑥ 요시노가리 신전을 복원한 모습.

⑦ 마을 경계에 는 짐승과 외적으로 부터 보호하는 호와 울타리가 쳐져있다.

⑧ 요시노가리 유물 설명 그림. 태양무늬 토기가 이채롭다.

⑨ 요시노가리에서 출토된 청동검.

⑩ 요시노가리 유적지에서 발견된 옹관묘.
(사진제공 : 전재우)

| ① | ② | ⑦ | |
|---|---|---|---|
| ③ | ④ | ⑧ | |
| ⑤ | ⑥ | ⑨ | ⑩ |

①다카치호봉에 오르는 입구에 서있는 도리이.

②다카치호봉의 모습.

③천손이 강림한 다카치호봉 정상에 거꾸로 세워진 창검의 모습.

④천손강림의 터전임을 알리는 표지판.

이처럼 큐슈 땅으로 야요이인들이 이동한 것이 소위 천손강림이 아니었을까? 그리고 그들이 큐슈 지역을 발판으로 세력을 키워 동쪽으로 정벌[東征]을 시작했고, 긴기 지역으로 들어가 일본 최초의 고대국가 야마토 왜 정권을 열었던 것이 아닐까? 충분히 설득력 있는 추측이다. 이것이 소위 일본의 초대 신무왕의 동정 東征설화로 보인다. 일본 열도의 서쪽에 있는 큰 섬 큐슈 땅은 이렇듯 한반도로부터 한민족을 받아들여 성숙시켜 야마토 왜와 일본왕실의 토대를 만든 어미 땅이었던 것이다.

# 3. 단군왕검을 모신 옥산신사

## 册 사쓰마번과 조선의 도공

이 큐슈의 땅 남단에 있는 쿠마소 지역, 현재의 가고시마 지역 일대도 이래 저래 한민족과 관련이 없을 수 없었다. 우메하라 다케시의 설명처럼, 바다를 건너 노마 반도의 남단 가사사 곳으로 들어온 한민족의 일파가 쿠마소 지역에서 활동하다 니시우스키의 다카치호 지방으로 이동했을 가능성도 분명 있을 것이다.

『환단고기』에서 말한 쿠마소(熊襲) 지역, 앞서 보았지만 이곳에는 고대에 그 실체가 밝혀지지 않은 하야토(隼人)들이 살았던 지역이다. 나는 그들과 사이토바루 고분군이 관련되었다고 본다. 사이토바루 고분들은 바로 이들의 무덤이었을 것이라고.

그래서 그런가. 일본 고대사에 한민족과의 비밀을 간직한 옛 쿠마소 지역은 이후에도 계속 한민족과 관련을 맺어왔다. 큐슈지역에는 한민족의 삼성조(환인, 환웅, 단군왕검)를 모신 신사들이 몇 개소 있다. 그 중 대표적인 하나가 북규슈 후쿠오카현 소에다 마을(福岡縣 添田町)의 영언산(英彦山 히코산)에 위치한 환웅의 수험도

영정이 있는 히코산 신궁(英彦山神宮)이다. 신앙의 대상은 등원환웅藤原桓雄이다. 주지하다시피 환웅천황은 인간세상을 교화하기 위하여 태백산에 내려와 신시神市를 연 한민족의 조상이다. 이 한국의 환웅신앙이 일본 영언산에 전파된 것이다.

그리고 또 대표적인 한 곳이 옛 쿠마소 지역인 가고시마(鹿兒島)의 나에시로가와(苗代川)에 있는 옥산신사(玉山神社)이다. 어떻게 이곳이 옥산신사가 세워지게 되었는가를 살펴보자.

가고시마 지역은 막부幕府시대에 사쓰마번(薩摩藩)이었다. 번藩이라면 일본 중세시대 쇼군(將軍)이 지배하는 막부 체제하에서 지방정권이었으며, 당시 일본에는 260개 이상의 번이 있었다. 그 중에 사쓰마번은 시마즈(島津) 가문이 규슈의 최남단 가고시마 일대를 영지로 삼은 비교적 큰 번이었다.

임진왜란 당시 사쓰마 제 18대 번주藩主였던 시마즈 요시히로(島津義弘)는 제 4군(병력 1만 5,000명) 대장이었다. 조선침략을 지휘했던 도요토미 히데요시(豐臣秀吉)가 병사하자 왜군은 철수를 서둘렀다.

이때 왜倭의 제1군 대장 고니시 유키나가(小西行長)는 순천에서 탈출을 기도했지만, 이순신 장군에 의해 퇴로를 봉쇄당했다. 고니시는 사천 왜성에 주둔하고 있던 시마즈에게 화급하게 구원을 요청했고, 시마즈는 고니시를 구원하기 위해 500척의 대함대를 거느리고 순천 방면으로 출진했다. 시마즈 함대가 서쪽으로 다가오자 이순신 장군은 지금의 남해대교 해역에서 격파했는데, 이것이 임진왜란의 마지막 전투였던 노량해전(1598년 11월 29일)이었던 것이다.

시마즈는 퇴각하면서 조선 도공 80여명을 포로로 잡아갔다. 이중 40여명은 북규슈 사가현 가라쯔(唐津) 해안에 도착해 사가(佐賀)와 나가사키(長崎), 구마모토(熊本)로 흩어져 정착했고 나머지 40여명은 시마즈를 따라 남규슈로 내려왔다. 당시 조선 도공들은 노예처럼 끌려왔다. 옛날 일본 목선은 가벼워서 원래 배 밑바닥에 시루를 실어 무게

(우)'고려교'라고 다리명칭을 쓴 동판.
(좌)고려교의 모습. 멀리 성산이 보인다.

중심을 잡았으나, 이 때는 시루 대신 도공 등 조선인을 배 밑에 태워 일본으로 온 것이다. 말하자면 노예선이었던 셈이다.

잡혀온 그들은 가고시마시의 갑돌천甲突川(코츠키가와)에 있는 고려교高麗橋라는 다리 주변에 '고려마을'(高麗町)을 이루어 살았다. 이후 이들은 도자기를 빚을 흙을 찾아 미야마(美山)의 나에시로가와(苗代川)로 옮겨 살면서 여기에 조선 도자기 문화가 꽃피게 된 것이다.

이곳이 바로 조선 도자기의 맥을 일본열도에 전한 심수관의 도원陶苑이 있는 지역이다. 이렇게 해서 미야마의 수관도원은, 규슈 사가현 아리타(有田) 지방에서 계룡산 부근(학봉리 가마터)의 분청사기의 맥을 잇는 이삼평(계룡산 박정자 삼거리에 기념비가 있다)의 도자기와 더불어, 일본열도에 양대 도자기 마을을 이루었던 것이다.

## 卉 수관도원과 옥산신사

미야마로 들어간 한민족의 도공들은 한민족의 명맥과 혼을 잇기 위해 수관도원 근처에 옥산신사를 세웠다. 한민족이니만큼 당연히 단군왕검을 제신으로 모셨다. 때문에 환단신사桓檀神社라 부르기도 했다. 옥산玉山이란 이름은 평양에 단군릉이 있는 지역의 이름이었다.

(위)사쯔마 도자기마을 임을 알리는 표지.
(우)수관도원의 가마.
(아래)심수관의 수관도 원 입구와 수관도원의 명패.

미야마의 나에시로가와에 정착한 조선인들은 옥산신사를 언제 세웠을까? 정확치는 않으나 대략 1605년 경으로 추정하고 있다. 그리고 당시에는 한민족 고유의 제천의식과 같은 풍습으로 단군왕검을 모셨다. 제주祭主는 한민족의 도포를 입고, 신단에 한국음식을 진설했고, 제기祭器와 악기도 한국 고유의 것을 사용했다.

그러나 메이지(明治) 시대(1868–1912)로 들어서면서, 신사정리 정책에 따라 옥산신사는 촌사村社로 서열화되었고 모습도 일본풍으로 바뀌어 나갔다. 조금씩 조금씩 건물형태가 신사 형식으로 바뀌었

미야마 도자기마을 일대의 안내도. 중앙에 옥산신사가 보인다.

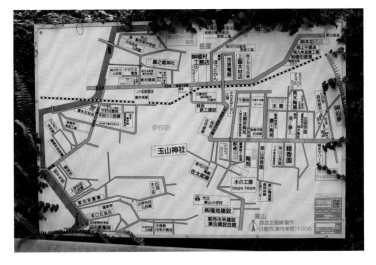

다. 촌사는 신사의 위계서열상 낮은 위계에 위치했다. 일정한 한 마을사람들이 모시는 신사를 말했다. 1917년 개축시에는 남향으로 되어있던 건물도 완전히 일본풍으로 변해버렸다. 원래 신사 건물 입구에는 도자기로 만든 용이 감고 있는 둥근 기둥도 있었지만, 이마저 사라져 버렸다.

옥산신사가 세워진 유래는『옥산궁 유래기』(1867)에 잘 나타나 있다. 이 기록에 의하면, 평양 옥산묘의 신인 단군왕검이 바다를 건너와서 미야마의 조선인들을 보호하는 신이 되었다고 한다. 즉 고조선의 시조인 단군왕검이 이곳 보호신으로 모셔진 것이다.

옥산신사로 들어가는 첫번째 도리이와 도리이에 붙여진 옥산신사의 석판.

특이한 것은 단군왕검의 성격이었다. 기록에 따르면, '그 신(단군왕검)은 밤마다 산 위에서 불기[炎氣]를 뿜어대며 기이한 현상을 많이 보여주었다.' 그들은 단군왕검을 국조로서가 아니라 직업과 관련된 불의 신으로 모셨던 것이다.

메이지 35년(1902) 3월 8일 부의 명세장을 보면, 모셔진 신(단군왕검)이 발광하여 주위에 환한 빛을 비추었을 뿐만 아니라 진동하여 주변을 흔들기까지 했다. 그리고 여기 모셔진 신체神體는 보통 사람의 키 높이 정도되는 자연석이며, 그 신체석 주변에는 마을 사람들이 조그마한 돌을 쌓아 놓았다. 마치 우리나라의 성황당이나 당산과 같은 느낌이

옥산신사가 있는 숲산의 모습. 앞은 녹차밭이다.

들었다.

근대에 접어들면서 옥산신사는 심한 변화를 겪게 된다. 1902, 3년경에 일본정부는 일본의 고전(『일본서기』『고사기』 등)에 이름이 나오지 않은 신사는 음사이기 때문에 폐사해야 한다는 통보를 전국에 알렸다. 1904년 러일전쟁을 눈앞에 둔 시점이었다. 일본정부는 신사통폐합을 통해 사상적 통일을 꾀했던 것이다.

미야마 지역 주민들은 통보를 접하고 지혜를 모았다. 그들은 교토(京都) 제국대학 출신의 엘리트였던 12대 심수관을 도쿄(東京)에 보내 정부 교관들

옥산신사로 들어가는
마지막 세번째 도리이.

입구에서 본 옥산신사의 모습. 돌보지 않아 낡았음을 알 수 있다. 위는 옥산신사 내부의 모습.

과 교섭을 벌이도록 했다. 그 결과 옥산신사에 다른 신사를 합사시키는 방법을 택하여 신사가 폐지되는 것을 모면했다. 그래서 1902년에 주변에 있는 검劍신사가 편입된 것이다.

이에 따라 제신祭神과 제의祭儀도 변했다. 앞서 보았듯이, 지금까지 제신은 단군왕검이었고 제의도 조선어로 축문을 읽었으며, 악기도 한국의 것을 사용했었다. 검신사의 신은 스사노오노미코도(素盞嗚尊)였다. 검신사와 합사되면서, 옥산신사에는 단군왕검과 함께 스사노오가 합사되었다.

그리고 언제부터인가 스사노오의 아들 이다케루노미코토(五十猛命)도 모셔졌다. 스사노오와 그

(좌)옥산신사의 측면 모습.
(우)옥산신사의 석등. 석주에 새겨진 문양은 이 지역을 관할했던 시마즈가문의 것으로 보인다.

아들 이다케루노미코토는 모두 신라국 소시모리에 살다 이즈모국(出雲國)으로 건너간 소위 신라계의 신들이다. 뿐만 아니라 제의 형식도 일본식으로 바뀌어 나갔다.

단군왕검을 모신 옥산신사는 이 곳에만 있는 것이 아니다. 미야마 주변인 가고시마현 카노야 마을(鹿屋町) 카사노하라(笠野原)에도 있다. 이는 미야마의 나에시로가와에 인구가 많아지면서 모두 수용하기가 어려워 1704년에 가사노하라로 일부를 이주시켰기 때문이다. 이렇게 해서 이 마을로 이주한 사람들도 단군왕검을 모신 옥산궁玉山宮을 세웠던 것이다.

## ⛩ 단군왕검을 기리는 제사와 노래

옥산신사의 제사(마쯔리) 때는 신이 내리는 '하타'라는 신간神竿을 두 개 만든다. 두 칸 반 정도의 대나무에 방울을 달고 그 밑에다 일월日月과 승룡昇龍 그리고 호랑이가 그려진 깃발을 달았다.

한민족이 예부터 10월에 모셔왔던 천제 기록을 보자.

마한에는 '별읍別邑을 두었고 이를 소도蘇塗라 했으며, 여기에 큰 나무를 세우고 방울과 북을 매달아 신을 섬겼다'("信鬼神, 國邑各立一人主祭天神, 名之天君. 又諸國各有別邑, 名之爲蘇塗. 立大木, 縣鈴鼓, 事鬼神." 『三國志』 '魏誌東夷傳 韓')고 했다. 유사한 형태임을 알 수 있다.

제삿날 아침에는 목욕재계를 한 신관神官이 "교구산구 손반지, 산지멘타"라 주문을 외우며 신전의 문을 열었다. 오전에는 각 집의 여성들이 한국떡(高麗餠 코레모찌)인 시루떡을 만들어 막걸리와 함께 신궁으로 갖고 갔다. 신관은 떡을 받아 신께 바치고 난 뒤에는 징을 치고 다음과 같은 노래를 부르며 다시 돌려주었다.*

※ 노성환, "옥산신사玉山神社의 제의祭儀와 조선가요朝鮮歌謠에 대한 일고찰─考察", 『일본언어문화』, 2007.

"아보란 난나시 이쿠마도, 고쿠사오, 사무바치, 헤이가라, 헤이와라, 타이세이, 오호미사, 토라세센."

한국말일 듯 싶은데 아직 무슨 뜻인지 아무도 모르고 있다. 그리고 옥산신사에는 한국어와 관련된 제문祭文 및 노래도 많이 남아있다. '어신행축사御神幸祝詞' '축사祝詞' '신락가神樂歌' '학구무가鶴龜舞歌' 라고 불리는 것들이다.

그중 학구무가는 보통 마을 처녀 4, 5명이 원을 그리며 춤을 추면서 불렀던 노래였다. 강강술래가 떠오르게 하는 광경이었다. 이는 '오나리, 오나리 소서'라는 제목으로 잘 알려져 있다. 왜냐하면 일본의 저명한 소설가였던 시바 료타로(司馬遼太郞 1923~1996)를 비롯한 한국의 여러 문인들(김승한, 신봉승, 김충식 등)이 나에시로가와를 소개하면서 이 노래를 나름대로 풀어 해석했기 때문이다. 그 내용은 조금씩 모두 다르지만 전체적인 뜻은 크게 다르지 않았다.

학구무가는 모두 4절로 이루어져 있다. 가사는 한자로 적혀있지만 왼쪽 옆에는 한글이, 오른쪽 옆에는 일본어로 적혀있다. 그중 잘 알려진 1절만을 살펴보자.

오늘이 오늘이라(오늘이 단군 제삿날이다)
제물祭物도 차렸다
오늘이라 오늘이고나 모두 함께 노세
이리도 노세 이리도 노세
제일祭日이 제일祭日이라(오늘이 제삿날이다)

옛 옥산신사의 모습.

우리 어버이 단군을 잊지 않으리라
고수레 고수레 자나 깨나 잊지 않으리

이것은 김충식의 『슬픈열도』(효형출판, 2006)에 실린 번역이다.

이와 비슷한 노래가 조선 초기의 『금합자보琴合字譜』와 중기의 『양금신보梁琴新譜』 그리고 후기의 『청구영언靑丘永言』에 실려 있었다. 때문에 이 노래는 임진왜란 당시부터 조선 후기까지 유행했던 인기가요였을 것으로 추정되며[*], 이것이 임진란 때 끌려간 도공들에 의해 제사 때 사용된 것으로 보인다. 재일 작가 및 역사연구가였던 고 김달수는 이 노래와 제문은 조선도공들이 봄과 가을에 언덕에 올라 연회를 베풀며 불렀던 망향가였다고 했다.

❖ 정광, "오나리欤-임진왜란 때에 납치된 묘대천 한인들의 망향가" 『문학과 언어의 만남』, 신구문화사, 1996

## 开 일본 근대사를 연 쿠마소

『환단고기』에 나타난 쿠마소 지역, 이 지역은 이렇듯 고대부터 한민족과 연결되었던 땅이었고, 조선시대의 임진왜란 때도 한민족의 한이 서린 지역이기도 했다. 그런데 아이러니컬한 일이었을까? 이 지역은 일본 근대사에 격동의 현장이었다. 곧 강력한 힘을 축적하여 1868년의 메이지 유신을 가능케

했던 사쓰마번이었다.

사쓰마번은 예나 이 때나 변함없이 외부의 문물을 받아들이는 창구역할을 한 곳이었다. 일본에 기독교 문화를 처음 전파했던 프란시스코 사비에르(1506~1610) 수도사修道士가 이곳으로 왔고, 근대 서구문명의 상징이었던 조총이나 군함도 이곳 가고시마로 들어왔던 것이다.

뿐만 아니라 옛 쿠마소 지역인 가고시마는 일본 근대사의 주역들을 가장 많이 배출한 곳이었다. 메이지 유신의 세 인물[유신3걸維新3傑]이었던 사이고 다카모리(西鄕隆盛), 오쿠보 도시미치(大久保利通), 기도 다카요시(木戶孝允) 중 사이고 다카모리와 오쿠보 도시미치가 이곳 가고시마 출신이었다.

특히 사이고 다카모리는 '마지막 사무라이'로 회자되며, '담력의 사이고, 지혜의 오쿠보'라든가 '사이고는 영웅, 오쿠보는 정치가'라고 이야기될 정도이다. '변명하지 마라, 의리를 중시하라, 밀어붙여라.' 이는 사쓰마 남자를 말할 때 통상 붙

가고시마에서 인물들이 배출된 곳을 알려주는 표지판.

①가고시마 시내 모습.
②가고시마 시내의 사비
에르 공원.일본에 기독
교가 전래된 곳이다.
③사비에르 공원의 표
지판.

이는 표현이다. 때문에 혹자들은 사쓰마 남자를
한국의 경상도 남자와 비교하는 경우도 종종 있
다.

조선에서 끌려온 도공들이 처음에 모여살았던
갑돌천을 끼고 있는 이 마을, 바로 여기가 유신維新
의 최고 원훈元勳이며 일본 무사를 대표하는 사이
고 다카모리와 오쿠보 도시미치 등이 태어나 자란
지역이다. 또 바로 이웃엔 러일전쟁 때 러시아의 발
틱함대를 궤멸시킨 도고 헤이하치로(東鄕平八郎)의
탄생지도 200~300m 안팎의 거리에 있다.

사벌 단군이 평정했던 쿠마소,

한반도로부터 도래인들이 모여살았던 큐슈 남

사쯔마번 시대 사무라
이들이 살았던 가옥.

부지역,

임진왜란 때 끌려간 조선 도공들이 단군왕검을 모셔 한을 달랬던 사쓰마 지역,

그리고 메이지 유신을 가능케 하여 일본 근대의 문을 열어 오늘날 일본을 만들었던 지역, 이 모두가 과연 우연이었을까?

사쿠라섬의 모습. 아직도 화산활동이 진행중인 산이다.

*Chapter 3*

# '큰 나라' 백제와
# 고대 일본

서정창원 전경

# 1. 미야자키현의 '백제의 마을'

### ⛩ 난고손(南郷村)을 찾아

산야에 화사한 꽃과 녹음이 우거진 5월 말, 일본 큐슈 땅 깊숙이 숨어있는 '백제의 마을'을 찾아가기 위해 험한 산길을 달렸다. 큐슈 땅에서 옛 '가야'의 흔적을 찾기는 쉽지만, '백제'의 흔적을 만나는 건 흔치 않는 일이다.

일본열도에는 '백제'와 관련된 명칭을 가진 지역들이 있다. 그러나 그 대다수는 소위 긴키(近畿)

다카치호마을에서
백제의 마을로 들어가는
험한 산길.

지방이라 알려진 오사카, 나라, 오쯔 등의 지역에서 발견된다. 그런데 놀랍게도 큐슈 중부의 미야자키현(宮崎縣) 동東 우스키군 산속 깊숙한 곳에서 백제를 찾을 수 있다는 건 놀라운 일이었다. 10여년 전 여기를 들를 기회가 있었지만 놓쳐 아쉬워한 기억이 있었다. 그리고 보면 이번 기회는 근 10여년 만에 생긴 기회였다.

그러나 '백제의 마을'은 쉽사리 길을 내주지 않았다. 우리는 보통 사람들이 잘 다니지 않는 지름길을 택했던 것이다. 그만큼 고통(?)이 따랐다. 관광지로 이름난 아소산을 가로지르면서 아름다운 풍광을 볼 때까지만 해도 험난한 길을 만나리란걸 꿈엔들 몰랐다. 아니, 일본열도에 이런 길이 있으리

【미야자키현】미야자키현은 규슈의 남동부에 위치하며, 오이타 현과 구마모토 현과 접하고 있는 북쪽을 비롯하여, 서쪽은 기리시마 산지, 가고시마 현에 접한다.

(좌)아소산의 전경. 멀리 분화구에서 올라오는 연기가 보인다.
(우)아소산을 횡단하는 길. 안내판들이 놓여 있다.

라곤 애초에 생각도 못했다. 일본하면 풍기는 이미지가 있으니 그저 깨끗하고 깔끔하게 다듬어진 포장도로 그리고 아름다운 길이 계속 이어지리라 생각했던 것이다. 우거진 숲길을 뚫고 마침내 '백제의 마을'에 도착했다.

이곳의 공식적인 명칭은 '난고손'(南鄕村)이다. 백제 왕족이 이곳 남쪽까지 도망쳐 고향마을을 이뤘다는 곳이다. 난고손의 마을 역사를 기록한 『촌사村史』에는 이곳에 '백제의 마을'이 이루어진 '백제와 전설'이 다음과 같이 소개되어 있다.

서기 660년 백제가 신라와 당 연합군에게 멸망하자 백제의 정가왕禎嘉王이 미카도(神門)로 망명하였다. 왕족은 해안가에 도착하여 미카도로 옮겨 살았다.

백제의 마을을 안내하는 이정표와 백제의 마을을 소개하는 해설사.

그 후 백제로부터 뒤를 쫓아온 토벌군이 이곳까지 들어와서 정가왕을 공격하였다. 정가왕의 큰아들 복지왕福智王은 여기서 거리가 좀 떨어진 히키(比木)에 거주하였다. 아버지의 위험 소식을 듣고 복지왕은 이곳까지 달려와 정가왕을 도왔다. 미카도의 호족豪族과 주민들도 정가왕에게 식량을 지급하고 병사를 보내 도왔다. 이 싸움은 매우 격렬하여 둘째 아들 화지왕華智王이 전사하였다. 토벌군을 격퇴했지만 정가왕도 목숨을 잃었다. 큰 아들 복지왕은 히키로 돌아갔다.

백제의 정가왕은 역사 기록에서 발견되지 않는다. 다른 자료를 보면, 정가왕은 의자왕의 아들이었고, 백제가 멸망하고 난 후 처음부터 이곳으로 온 것이 아니고 일본열도의 야마토 왜 지역으로 망명했다고 한다.

그러나 야마토 왜에서 백제계 도래인이 탄압을 받게 되는 정변('임신壬申의 난'으로 추정된다)이 발생하였다. 정가왕 가족 일행은 배 2척에 분승하여 하카타(博多. 큐슈 북부지역) 방면으로 도주했는데, 도중에 폭풍을 만나 표류하다가 규슈 동해안에 상륙하여 이

난고손에서 백제의 마을임을 알리는 안내장.

곳 난고손에 정착하게 되었다.

그러나 이때 다른 배를 탔던 정가왕의 아들 복지왕은 아버지가 상륙한 장소로부터 90km 떨어진 기죠마을(木城町)이라는 곳이 도착하게 되어 부자는 헤어져 살게 되었다. 그리고 사망한 후에는 각각 해당 지역의 신사에 모셔졌다. 그래서 1년에 한 번, 음력 12월 중순의 2박 3일간 시와쓰마쯔리(師走祭)가 열리는데 이는 정가왕 부자가 재회하는 모습을 재현하는 축제이다.

## 鳥미카도신사와 서정창원

난고손의 백제 마을에는 여기서 사망한 정가왕을 모신 미카도(神門)신사가 세워졌다. 서기 718년에 건립된 것인데, 현재 일본의 국가중요문화재로 지정되어 있다. 수년 전에는 이 신사의 지붕을 보수하다가 백제 양식의 청동거울[銅鏡] 24점이 발굴되었다. 이 동경 중 몇 개는 나라시(奈良市)의 동대사(東大寺)에 있는 일본 황실의 보물창고인 정창원正倉

난고손에서 열리는 시와쓰마쯔리.

院에 보관 중인 청동거울과 동일한 양식이었다.

이런 문화유산들을 보존하기 위해 백제마을에는 나라의 정창원과 한치의 차이도 없는 「서西정창원」이 건립되었다. 또 모국인 백제 부여의 왕궁 터에 세워진 객사客舍를 모델로 한 「백제의 관館」도 세워졌다. 이 시설은 한국인 기술자가 한국의 건재建材를 사용하여 지은 것이다. 내부에는 백제문화를 소개하는 자료들이 전시되었다. 이렇게 백제의 마을을 조성하는 데 18억 엔의 사업비가 투입되었다고 한다.

오랫동안 사람들, 일본인이건 한국인이건 관심

【정창원】일본 나라현 나라시 동대사東大寺의 대불전 북서쪽에 위치한 창고이다. 나라 시대를 중심으로 한 다수의 일본의 전통 미술공예품들을 소장하고 있다. 일본, 당나라와 서역, 멀리는 페르시아 등지에서 수입한 그림·서적·금속공예품·칠공예품·목공예품·도검·오지그릇·유리그릇·악기·가면 등. 고대 미술공예의 진수를 모은 작품이 많이 남아 있다.

백제의 마을에 있는
서 정창원.

을 끌지 못하다가 최근 들어 난리법석을 피우는 곳이다. 천년이 훨씬 넘어서야 한恨을 풀고 있는 것이다. 요즘도 한국에서 이런 저런 꿈(?)을 꾸는 인사들이면 한번 씩 다녀가 식수植樹를 하거나 사진을 남겨두려고 애쓰는 곳이 되었다. 10년 만에 얻은 기회로 이런 난고손을 찾은 나는 큐슈 중부의 깊은 골짜기에 서린 백제 왕족의 한을 하나라도 놓칠새라 이 곳 저 곳을 돌아 보았다.

그러면서 불쑥 의문이 생겼다. 도대체 백제는 일본열도와 고대에 어떤 관계를 맺었던 것일까? 왜 백제가 멸망했을 때 왕족들은 일본열도로 옮겨갔던 것일까? 이는 분명히 백제와 당시 일본열도가

백제의 마을에 있는 정창원의 안내판.

아무런 관련이 없었다면 불가능할 것이다. 이를 밝
혀보기 위해 몇 가지 이야기 주제를 가지고 풀어
보기로 하겠다.

(위)미카도신사의
신축기념비.
(아래)미카도신사의
모습.

# 2. 백제인들이 땅, '구다라'

## 卉 '큰나라' 구다라

11세기 말 지금의 오사카부(大阪府)를 그린 옛 지도 '난파팔랑화도'(1098)가 있다. 이 지도를 보면, 지금의 오사카 지역이 '백제주百濟州'였음이 적혀 있고 그 옆에 작은 글씨로 '구다라'라 읽는다고 표기되었다.

난고손에 세워진 백제관.

'구다라'는 일본에서 백제를 부르는 이름이었다.

우리에겐 '구다라'라고 하면 또 하나의 지명이 떠오른다. 백제의 마지막 수도, 부여를 가보면 부소산 아래 금강변에 있는 선착장이 있는 지역 일대가 바로 '구드레'인 것이다.

'구다라'는 이 '구드레'와 관련있는 말이다. 고대 백제 사람들은 여기 구드레 나룻터에서 배를 타고 일본열도로 향했다. 그래서 그들이 도착한 곳, 지금의 오사카 지역을 구다라라 칭한 것이다. 곧 '큰 나라 백제'를 일본열도에 심은 것이다(또한 구다라는 『삼국사기』에 보이는 '고타古陁', 즉 '큰 비탈' '큰 뜰' '큰 나라'의 뜻으로 해석하기도 한다. 그러나 백제를 가리킨다는 사실은 동일하다).

중국의 사서 『한서漢書』 '지리지'에는 "樂浪海中有倭人, 分爲百餘國"라 기록되어 있다. 소위 당시 일본열도에 백여 개의 나라가 나뉘어 있었음을 말해준다. 아직 통일된 고대국가 성립이 이루어지지 않은 상태였던 것이다.

그런데 『당서唐書』에는 백제

백제의 마을에 있는 미카도신사를 지키던 옛 고마이누.

의 영역이 왜까지 이르렀음도 기록되었다.『구당서舊唐書』에 "백제는 부여의 별종別種으로서, 동북쪽은 신라이고, 서쪽은 바다를 건너 월주越州에 이르고, 남쪽은 바다를 건너 왜倭에 이르며, 북쪽은 고구려[高麗]였다."(舊唐書云, '百濟 扶餘之別種, 東北新羅, 西渡海至越州, 南渡海至倭, 北高麗')고 했다.

『신당서新唐書』에도 비슷한 내용이 있다. "백제의 서쪽 경계는 월주이고, 남쪽은 왜인데, 모두 바다를 건너 있으며, 북쪽은 고구려[高麗]였다."(新唐書云, '百濟西界越州, 南倭, 皆踰海, 北高麗'). 문정창은 '남쪽의 바다를 건넌 왜'를 나라지방으로 보았다. 곧 일본열도의 나라지역에 있었던 야마토 왜가 백제의 영역권이었음을 주장한 것이다.

## ㅠ 백제의 구드레 나룻터

그렇다면 구체적인 자료를 통해 이러한 구다라 백제와 일본열도의 관계를 살펴보자.

일본열도 최초의 고대국가인 야마토 왜의 기반을 조성한 15대 응신왕應神王*(4세기 말~5세기 초) 때의 기록을 보면 눈길을 끄는 내용들이 있다.『일본서기』를 보면 백제로부터 도래인들에 대한 기록들

* 응신이 즉위한 해가 270년으로 되어 있으나, 거의 2주갑(120년) 상향 조정되었음을 감안한다면, 대략 390년 정도이다. 1대 신무神武에서 9대 개화開化왕까지는 일본학자도 인정하듯이 만세일계의 왕통을 만들어내기 위한 가공의 왕들이다. 10대 숭신崇神왕부터는 실재 가능성이 강한 왕이나 그 재위연대는 허구이다. 쓰다 소우키치(津田左右吉)도 "흠명欽明(29대. 539-571)조에 력曆 박사가 백제에서 도래(554년)한 것이 사실이라 인정한다면, 그 이전 기록의 연대기는 믿을 수 없다"고 했다. 이는 일본의 열등감으로 일본의 국가 형성 시점을 끌어올리려는 노력으로 왜곡된 것이다. 대체로 5세기 중반의 21대 웅략雄略조 부터는 일치한다.

이 다수 보인다.

"396년 9월, 고구려인·백제인·임나인·신라인이 조정에 왔다. 모든 한인들을 거느리고 연못을 만들었다. 그래서 그 못의 이름을 한인 못(韓人池)이라 했다."

"397년 3월, 백제인이 조정에 왔다."

"403년 2월, 백제왕이 옷을 만드는 장인(縫衣工女)을 보냈다. … 이 해 유쓰기노기미(弓月君)가 백제로부터 왔다." 120현의 사람들을 이끌고 오려 했으나 신라의 방해로 가야국加羅國에 머물게 했다고 보고하였다(405년 8월에 이 사람들을 일본으로 데리고 왔다).

"404년 8월, 백제왕이 아직기阿直岐를 보내고 좋은 말 2필을 보냈다."

"405년 2월, 백제로부터 왕인이 왔다. 태자의 스승으로 하였다. 왕인으로부터 여러 전적典籍을 배웠다. 통달하지 못한 것이 없었다." 『논어』 『천자문』 등 10여 권의 유교 경전을 갖고 왔다.

"409년 9월, 백제로부터 야마토노아야노아다

부여의 부소산을 감아도는 백마강과 구드레나룻터.

이(倭漢直)의 선조 아치노오미(阿知使主)와 그 아들 쓰가노오미(都加使主)가 당류(黨類) 17현을 거느리고 왔다."

고대의 백제 사람들은 구드레 나룻터에서 끊임없이 일본열도로 몰려들고 있었던 것이다. 응신왕 다음인 인덕왕仁德王 때도 야마토 왜가 있었던 나라 지방으로 백제인의 이주는 끊임없이 이루어졌다.

이처럼 백제인들이 대거 일본열도로 몰려들던 때는 고구려의 광개토대왕(391-413)과 그 아들 장수왕(413-491)이 대륙과 한반도를 누비던 시기였다. 특히 장수왕은 백제를 침공(475)했고, 백제의 위례성이 함락되고 개로왕이 전사했다. 백제는 남쪽으로 내려가 웅진성(공주)으로 도읍을 옮겼다. 소위 제 2의 백제 건국이라 할 만한 일이

충남 공주의 금강과 공산성의 모습.

었다.

백제의 귀족 등 집단이 대거 남하했고, 그 중 일부가 일본으로 이주했다. 이후에도 이주는 계속됐다. 그들은 그냥 빈 손으로 온 것이 아니었다. 백제에서 새로운 공인[今來의 才伎]들이 왔는가 하면, 도가와 도교에 대한 서적도 전해졌다. 7세기 초에는 승려 관륵이 천문, 역법과 함께 둔갑, 방술에 관한 서적도 갖고 왔다. 사람의 이동과 함께, 문화가 본격적으로 전해진 것이다.

## ⛩ 야마토 왜의 백제인들

그 대표적인 인물이 왕인박사였다. 왕인박사는 일본열도에 최초로 천자문, 논어 등 10여 권의 경전을 갖고가 문명을 열어주었다. 또한 그는 태자의 스승이 되어 일본 최초의 국가인 야마토 왜 조정이 탄생할 정치적·정신적 토대를 만들어 준 인물이었다. 이렇듯 야마토 왜는 백제와 밀접한 관련을 맺고, 백제문화를 받아들여 국가형성의 기틀을 마련할 수 있었던 것이다.

일본 고대국가 형성의 비밀지도가 베

왕인박사의 초상.

王仁博士

일을 벗을수록 거기에는 더욱 더 백제의 큰 나라의 자취가 선명하게 드러날 수밖에 없었다. 끊임없이 일본열도로 이주한 백제인들! 8세기 중반이 되면, 야마토 지역에 백제인이 80~90%를 차지했다.

『속일본기』에 그런 야마토 지역의 인구구성이 기록되어 있다. '백제인 아치노오미(阿知使主)가 거느리고 온 17현민이 야마토 왜의 정치중심지인 다카이치(高市郡=今來郡)의 땅에 가득히 거주하여 백제인 아닌 사람은 10명 중 한 둘 뿐이었다' 라고.

그런데 어처구니없게도 쿠로이타 가쓰미(黑板勝美)는 일본민족의 기원을 밝히면서, 일본민족은 '외국(한반도)을 거쳐 일본에 온 것이 아니라 하늘에서 직접 일본열도로 왔다'고 주장했다. 하늘에서 뚝 떨어진 민족이라는 말이다! 학자의 발상치곤 아연실색케 하는 주장이다. 손으로 하늘을 감추려는 처절함일까. 일본 고대사의 진실을 감추려는 일본 지식인들의 열등감을 확인케 한다.

야마토 왜의 중심지에 8, 90%를 차지한 백제인들. 여기서 다시 궁금한 의문이 든다. 과연 '일본인'이 누구인가를 묻게끔 한다. 왜냐하면 '일본인'은 한발 앞서거나 뒷 선 백제 도래인일 수밖에 없기 때문이다. 고대 한반도로부터의 도래인이 지금 우리가 말하고 있는 '일본인'에 다름 아닌 것이다.

그렇다면 또 중요한 문제가 하나 있다. 이렇게 많은 백제인들이 사는 지역에서, 그 지배자인 왕은 과연 누구였을까 하는 의문이다. 물론 말할 것도 없이 백제인이 왕이 됨은 너무나 당연한 일이 아닐까?

# 3. 일본 '천황'은 백제의 후손

## ⛩ 일왕의 고백

현재 일본의 아키히토 일왕(125대)이 참으로 오랜만에, 그리고 처음으로 솔직한 고백을 했다. 2001년 12월의 일이었다. 일왕은 "환무천황의 어머니가 백제 무령왕의 자손"이라 고백하였다. 비록 충분한 내용은 아니지만 의미있는 역사적 사건이었다. 이 고백은 일본 야마토 왜의 계체왕繼體王과 동시대였던 백제 무령왕의 아들 순타태자의 후손이 화을계(기록 담당)이며, 이 화을계의 딸이 49대 광인왕光仁王의 딸 고야신립이었음을 솔직히 인정한 것이다.

이것 뿐이었을까? 일본 최초의 고대국가 야마토 왜의 왕이 일본 왕가의 계보를 이루었다는 사실을 우리는 너무나 잘 알고 있다. 앞서 말했듯이 8, 90%가 백제인들로 채워진 야마토 왜의 정치 중심지, 그곳을 다스렸던 지배자(왕)가 백제인이었음은 너무나 당연한 일이 아닐까?

최재석 교수는 이러한 사실을 바탕으로 일본 왕이 백제인이라 논증한 바 있다. 그는 일본의 천손강림 신화에 나타난 니니기의 후손인 초대 신무왕이 규슈→일본 내해→야마토로 이동하여 개국했다는 기록과, 응신왕 시대 백제의 대규모 집단 이주민이 백제→큐슈→내해→야마토로 이동했다는 사실이 일치함에 주목했다. 이를 추적하여 야마토의 그 전의 지배자 오오나무지(일본원주민)가 천손(니니기노미코토)에 협박당하여 국토를 내준 것이라 했다.

1대신무왕이 신령스런 삼족오의 안내를 받아 야마토로 가는 모습.

문화수준에서도 차이가 나는 1/10의 원주민이 게임이 될 수는 없었을 것이다. 그렇다면 결국 일본국가의 형성은 한민족의 '정복'사에 다름 아닌 것이다. 이런 사실에 비추어 미즈노 유우(水野祐) 등(1978)도 응신왕을 최초의 백제인 정복왕·지배자라 하였다. 응신왕은 새로운 왕조의 시조라는 추론이

가능하고, 외부에서 들어와 왕통을 계승하였을 가능성이 높기 때문이다.

이러한 응신왕을 김성호는 비류백제의 말왕末王, 문정창은 부여후왕夫餘後王 의라依羅로 보았다. 그들은 모두 야마토 왜의 본격적인 정치적 기반을 형성한 응신왕이 백제인이었음을 밝혔던 것이다.

## 开 소가가문과 성덕태자

성덕태자와 2왕자들. 태자의 허리에는 두명의 황자皇子가 함께있다. 삼존三尊형식이다.

또 다른 사실을 통해 이를 살펴보자. 일본의 고교교과서에 '성덕태자의 정치'(요즘은 '추고조推古朝의 정치'로 바뀌었다)가 있다. 성덕태자聖德太子(574-622)는 일본역사에서 최초로 등장하는 위대한 인물로 오늘날 일본의 정신[和]을 제창하고 기초를 닦은 장본인이다. 성덕태자는 누구일까?

백제가 가장 강성했던 근초고왕 때 목라근자木羅斤子 장군이 있었다. 비자벌(창녕) 안라(함안) 탁순(대구) 가라(고령) 등을 공격하여 백제의 동남부 강역을 확장하는데 큰 공을 세운 장군이었다. 다음으로 백제의 19대 구이신왕 때 권력자로 목만치木滿致가 보인다. 또 이후 고구려가 강성하여 백제를 침공했을 때도 백제 개로왕의 후퇴를 도우며 함께 했던 목협만치木協滿致도 보인다. 그는 문주왕과 조미걸취 등과 함께 한성을 벗어나 남쪽으로 내려 갔다(『삼국사기』475).

문주왕은 웅진으로 천도하여 백제부흥을 위해 안감힘을 썼지만 암살되고 말았다. 이에 목협만치는 여기서 다시 일본 으로 건너갔다. 그리고는 소가(蘇我) 가문의 선조, 소가노마치 (蘇我滿智)가 되었다. 소가(曾我, 蘇我) 씨는 백제 목협만치의 자 손인 것이다.

성을 '소가'라 한 것은 그가 처음에 정착한 곳의 지명, '소 가'(曾我)에서 유래했다. 그래서 제 1대가 목라근자木羅斤資, 2 대 목만치木滿致, 3대 소가노이시가와(蘇我石河), 4대 소가노마 치(蘇我滿致), 5대 소가노가라코(蘇我韓子), 6대 소가노이나메(蘇 我稻目) 대신, 7대 소가노우마코(蘇我馬子) 대신, 8대 소가노에미 시(蘇我蝦夷) 대신, 9대 소가노이루카(蘇我入鹿) 대신으로 연결 되었다.

16대 인덕仁德왕 때에는 '황후를 위하여 가쓰라기부(葛城部)

를 두었다'는 내용의 조치도 찾아볼 수 있다. 이는 백제 목木씨 일문이 사는 가쯔라기(葛城)을 우대하기 위하여 취한 조치였던 것이다. 또 312년 후에는 소가노우마코 대신이 "가쯔라기현은 본시 신臣의 본거지이니 소가현(蘇我縣)으로 개칭하여, 신의 봉지封地로 하여 주시오"라고 요청하기에 이르렀다. 오늘날 나라현 가시와라시(橿原市) 소가천(曾我川) 중류에 있는 지역이다.

소가노우마코는 6-7세기 100년간 실질적으로 일본을 지배한 자로 소가 가문의 후손이었다. 그는 6세기 말, 일본 최고最古의 사찰 아스카절(飛鳥寺)을 세우기도 했다. 아스카절(법흥사法興寺라고도 한다. 588)의 불사 조영이 당시 조정의 최고대신인

(좌)아스카절의 모습.
(우)아스카절에 있는 아스카대불.

소가노우마코에 의해 이루어졌던 것이다.

뿐만 아니라 이 절을 세울 때 백제 위덕왕이 588년 불사리, 기술자, 노반박사, 기와기술자, 화공 등을 보냈다. 소가노우마코와 백제와의 친밀했던 관계가 일본열도에 불교문화를 뿌리내리는 데 힘을 발휘한 것이다.『부상략기』에는 당시 기록이 전해지고 있는데, 불사리를 탑에 봉안할 때 소가씨 일족 100여명이 '백제 옷을 입고 의식을 거행했다'고 하였다.

소가노우마코! 그는 아스카 문화를 연 실력자였다. 나는 새도 떨어뜨리는 권력을 장악한 자였던 것이다. 이 소가노우마코는 백제대신의 직계 후손이었다. 그는 100여년 동안 세력을 과시하여 31대 용명用明, 32대 숭준崇峻, 그리고 일본 최초의 여왕인 33대 추고推古왕 등을 왕위에 올렸다. 지금 아스카 지역에 남아있는 거대한 고인돌 형식의 이시부타이(石舞台) 고분이 그의 묘로 추정되고 있다.

바로 그 가계에 성덕 태자가 있었던 것이다. 그

【부상략기】헤이안平安 시대 역사서이며 종합적 일본불교문화사임과 동시에 육국사六国史의 초본抄本 역할을 지녔다 해서 후세 연구자들에게 중시되었다. 1094년 이후의 굴하堀河왕 때에 코우엔(皇円. 法然의 스승)이 편찬했다고 간주되나 다른 주장도 있다. 전 30권이며 이 중 권2~6. 권20~30의 도합 16권과 권1 및 권7~14의 초기抄記가 현존한다. 내용은 신무神武왕 이후 굴하堀河왕 8년(1094)까지의 국사에 대해 제왕계도帝王系図와 같은 종류를 기초로 승전僧伝·사원연기寺院縁起 등 불교관계 기사를 중심으로 한문편년체로 기록했다.

는 아스카절인 법흥사에서 고구려 승 혜자惠慈와 백제 승 혜총惠聰으로부터 불교를 배웠다. 성덕태자는 사회전반의 개혁을 통해 고대 야마토 왜를 반석에 올려놓았던 인물이었다. 그러한 개혁 중에, 특히 604년(추고 12)의 '17조 헌법'은 유명하였다. 제 1조가 "화和를 갖고 소중히 하라"였다.

그는 왜 화和를 주장했을까? 화和는 사이를 좋게 하는 것이 아니라 다른 것을 잘 조합시키는 하모니였다. 고대 문화의 전파와 도래인들, 그들 사이에 하모니가 필요했던 건 아닐까?

# 4. 『송서』의 '왜 오왕'

## 뀨 왜 오왕 : 찬·진·제·흥·무

백제와 야마토 왜의 관련성에 대해 꼭 생각해볼 주제가 하나 있다. 중국『송서』에 기록된 '왜 오왕倭五王'이 그것이다. 『송서』에는 '왜 오왕'으로 찬讚·진珍·제濟·흥興·무武가 나타나고 있다. 과연 이들은 누구였을까? 지면이 부족하기 때문에 여기서는 무왕이 누구였을까만을 추정해보기로 한다.

아래는 그 내용의 일부이다.

"順帝昇明二年(478 : 인용자), 遣使上表曰:「封國偏遠, 作藩于外, 自昔祖, 躬甲, 跋山川, 不遑寧處。東征毛人五十國, 西服衆夷六十六國, 渡平海北九十五國, 王道融泰, 廓土遐畿, 累葉朝宗, 不愆于。臣雖下愚, 胤先, 驅率所統, 歸崇天極, 道遙(遙)百濟, 裝治船舫, 而句驪無道, 圖欲見, 掠抄邊, 虔劉不已, 致稽滯, 以失良風。雖曰進路, 或通或不。臣亡考濟實忿寇, 壅塞天路, 控弦百萬, 義聲感激, 方欲大, 奄喪父兄, 使垂成之功, 不獲一。居在諒闇, 不動兵甲, 是以偃息未

捷。至今欲練甲治兵，申父兄之志，義士虎賁，文武效功，白刃交
前，亦所不顧。若以帝德覆載，此敵，克靖方難，無替前功。竊自
假開府儀同三司，其餘咸各假授，以勸忠節。」(『宋書』卷九十七
　　列傳第五十七　夷蠻　倭國)

줄친 부분만을 간략히 정리해보자.

'백제로 가기 위해 배를 만들고, 고구려가 무도하여 병탄하려
하고 주변을 약탈하려 해서… 돌아가신 아버지 濟가 분노하여
군사를 일으켰다 죽고, 3년상 때문에 군사를 못 일으켰다가… 이
제 때가 되어 병갑을 가다듬고 부형의 유지에 따라 날랜 군사들
과 문무를 닦아… 만약 천지와 같은 황제의 덕으로 이 강적(고구
려)을 꺾어 난리를 평정할 수 있다면 어떤 공과로도 바꿀 수 없습
니다.'라고 왜왕倭王이 표를 올렸더니 조서가 내렸다는 내용이다.

## 凸 무령왕과 사마왕

『일본서기』와 『삼국사기』를 보아도 475년 갑자기 사망한 왕은
보이지 않는다. 다만 장수왕 침공으로 개로왕과 그 왕자가 고구
려에 붙잡혀 죽은 일이 있을 뿐이다. 그렇다면 왜왕 무武=개로왕
의 태자=사마(무령왕)으로 추정할 수 있는 여지가 남는다.

1971년, 우연한 기회로 충남 공주의 무령왕릉 발굴이 이루어
졌다. 이 때 발견된 무령왕릉의 묘지석을 보면, 무령왕을 사마왕

斯麻王이라 했다는 기록이 있다. 이것은 역사의 얽힌 실마리 하나를 푸는 참으로 크나큰 발견이었다. 이는 『일본서기』의 다음 기록을 확인해 주었다.

> 武烈四百濟新撰云。末多王無道暴虐百姓。國人共除。武寧立。
> 諱斯麻王。是混王子之子。則末多王異母兄也。混向倭時。至筑紫
> 嶋生斯麻王。自嶋還送。不至於京産於嶋。故因名焉。今各羅海
> 中有主嶋。王所産嶋。故百濟人號爲主嶋。今案嶋王。是蓋鹵王
> 之子也。末多王是混王子之子也。此曰異母兄未詳也(『日本書紀』)

곧 '무령왕은 사마왕이며 곤지왕의 아들이다. 곤지왕이 왜로 향할 때 쯔쿠시의 섬(각라도, 현재의 가카라시마 : 인용자 주)에서 낳았기 때문에 섬왕, 사마왕이라 했다'는 내용이다.

이와 더불어 무령왕이 야마토 왜에서 귀국한 후 남제왕에게 주었던 인물화상경(오사카 쓰다하치만궁 소장)에 새겨진 글도 참고로 보자.

> 癸未年八月日十, 大王年, 男弟王, 在意柴沙加宮時, 斯麻, 念長壽,
> 遣開中費直穢人今州利二人等, 取白上銅二百旱, 作此鏡。

곧 '계미년 8월 10일 (백제무령왕)대왕의 시대에 오시사카궁에 있는 오호도 왕자(男弟王, 계체왕)에게 무령왕(사마斯麻는 무령왕의 휘)께서 아우의 장수를 바라면서 개중비직開中費直과 예인穢人 금주

리수州利 등 두 사람을 보내어 양질의 백동 200한으로 이 거울을 만들었다'는 내용이다.

이런 자료들을 보면 볼수록,『송서』에 기록된 왜왕 무武가 점점 백제의 무령왕일 가능성이 높아진다. 이처럼 고대 야마토 왜를 지배했던 왕이 백제와 무관하지 않음이 뚜렷이 나타난다. 아직도 확신이 서지 않았다면 다음의 마지막 이야기를 살펴보자.

# 5. 백제의 멸망과 백강구 전투

## ㅠ 큰나라 백제의 위기

왜 백제가 일본(야마토 왜)을 지배하고 있었는가. 그 마지막 근거를 들어보자. 그것은 다름 아닌 구다라의 큰 나라 백제국의 위기에서 확인할 수 있을 것이다. 큰 나라인 백제가 위기를 맞았는데 야마토 왜가 가만히 있다면, 그 관계가 의심스러울 수밖에 없기 때문이다.

백제는 성왕 말기에 들어서면서 고구려 및 신라와 끊임없이 전쟁을 치르고 있었다. 554년 성왕이 신라 관산성을 치다가 전사한 소식도 『일본서기』에 기록되었다. 야마토 왜는 종주국(宗國) 백제를 구원하기 위해 이때부터 구원군을 이끌고 백제로 향했다. 왜는 백제와 공동운명체였기 때문에 국력을 다 쏟은 것이었다.

그러던 중 660년, 백제가 멸망했다. 이런 와중에 야마토 왜가 조용히 있었을 리 만무하였다. 별 일 없듯 가만히 있었다면, 그건 백제와의 관계가 대수롭지 않다는 증거였을 것이다. 37대 제명왕齊明王(655-661) 때였다. 백제로부터 멸망소식이 전해졌고, 야마토 왜는 그 소식에 크게 동요했다. 야마토 왜는 바삐 움직였다. 병사갑졸을 서북 해안에 배치하고 성책을 수리하였다. "산천을 단절하는 전조"라 하여 백제와 왜의 공동운명체 관계를 드러내었다.

왕은 '몸소 손을 씻고 입을 행구고 정결하게 한 후 신에게 기원을 드렸다.' 성전聖戰에 나서기 앞선 의식처럼 보였다. 마음을 가다듬으며 백제 회복을 결의했던 것이다.

> "위태로움을 돕고 끊어진 것을 잇는 것은 당연한 일이다. … 창을 베개로 하고 쓸개를 맛보고 있다. … 장군에 나누어 명하여 여러 길을 같이 나아갈 것이다. 구름처럼 만나고 번개처럼 움직여 같이 백제의 땅에 모여 그 원수를 참하고 긴박한 고통을 덜리라."

제명왕은 12월의 추위에도 불구하고, 아스카를 출발하여 오사카의 나니와궁에 도착했다. 여기서 무기를 정비하고 배를 만들었다. 그러나 사람들은 싸움에 질 것을 알았다. 구원군이 패할 것이라는 동요도 유행했다. 그러나 그러한 일들이 왕의 뜻을 꺾지 못했다. 왕은 직접 백제가 가깝게 보이는 큐슈의 아사쿠라궁까지 나아가 발을 동동 굴렀다. 이렇듯 초조함에 애태우던 왕은 자신의 계획이 이루어지는 것을 보지 못한 채 아사쿠라궁에서 사망해 버렸다.

그 뒤를 이은 38대 천지왕天智王(661~671)은 서명왕과 황극왕의 아들이었다. 34대 서명왕舒明王(629~641)과 그 황후인 35대 황극왕皇極王(642~645)은 백제와 매우 관련있는 왕들이었다.

『일본서기』에 기록된 내용을 살펴보자. 639년(서명왕 11년)에는 "올해 큰 궁(大宮=백제궁百濟宮) 및 큰 절(大寺=백제대사百濟大寺, 후의 대안사大安寺)를 만들겠다 하였다. 백제천(소가천曾我川) 곁을 궁처로 하였다. 서쪽의 백성은 궁을 짓고 동쪽의 백성은 절을 지었다." 그리고 이 해 12월에는 백제천 곁에 구층탑九重塔이 세워졌고, 다음 해(640) 10월에는 백제궁이 완성되어 천황이 옮겨 살았다.

그리고 이듬해인 641년 서명왕은 죽음을 맞았다. 이 때의 기록을 보면 "천황이 백제궁에서 죽었다. 궁 북쪽에 빈궁을 설치하였다. 이를 백제의 대빈이라 한다."고 했다. 수구초심首丘初心이라 했던가. 인간은 죽음을 맞이하여 고향을 그리워하는 귀소歸巢 본능을 갖고 있다. 백제는 그들의 고향이었던 것이다. 이는 부정할 수 없는 사실이었다. '백제대빈'은 바로 고향 백제에서 행해졌던 3년상이었다.

# ㅠ 백강구 전투의 패배

서명왕의 아들인 천지왕 역시 백제부흥운동에 적극 동참한 것은 당연한 일이었다. 백제가 멸망한 3년 뒤, 그동안 백제 땅 내외에서 이루어졌던 백제부흥운동을 종결짓는 싸움이 기다리고 있었다. 바로 663년 백강구에서 운명을 건 한판의 전쟁이었다. 야마토 왜에서도 백제 부활의 최대 고비인 백강구 전투에 나설 구원군이 편성되었다. 선박 400척에 지원군 2만 7천명의 대선단이었다.

백강구 전투는 동아시아 판도를 가르는 국제해전이었다. 신라와 당唐군, 백제와 왜, 탐라국 군사까지 모두 10만 여명, 전선 1,170척이 참가했다. 그러나 결국 백제의 부활을 건 싸움에서 백제는 패했다. 백제 왕자는 탐라국, 왜국 병사들을 데리고 투항했다. 이 때 백제왕자가 탐라와 왜 그리고 백제군을 통솔했다는 사실도 당시 왜와 백제의 관계를 추정하는데 도움을 준다.

그리고 백제 부흥군이 전쟁에서 패하자 야마토 왜의 사람들은 눈물을 흘리며 한탄했다. "어찌하나, 백제의 이름이 오늘로 끊어졌으니 조상의 분묘가 있는 곳을 어찌 또 갈 수 있으리오." 멸망한 백제 유민들도 떠나기 시작했다. 3,000 명 이상이 배를 타고 야마토 왜로 이주했다. 백제 지배층인 좌평 여자신, 달솔 목소귀자, 곡나진수, 억례복류 등도 야마토 왜로 이주하였다.

## ㅠ 일본열도의 백제유민들

백제의 장군들이 그들을 인솔했다는 사실도 주목할 만하다. 야마토 왜로 인솔한 장군들은 야마토 왜의 사람들이 아니라 백제의 장군들이었던 것이다. 그들은 일본열도 곳곳에 산성을 구축하면서 야마토 지역으로 이동했다. 쓰시마, 이키섬, 쯔쿠시 등에 병사를 두고 봉화를 마련하였다. 쯔쿠시에는 큰 제방을 만들고 물을 담게 하였다. 이것이 현재 큐슈에 남아있는 수성水城이다. 나가토(長門城)에도 만들고, 마지막으로 가와치와 야마토 경계에 있는 다카야스산(高安山)에도 한국 고유의 산성을 구축했다. 여기에는 식량을 저장해 두었다.

백제가 야마토 왜와 아무 관련이 없는 별개의 나라라 하면, 어찌 '조상의 분묘'를 운운하고 일본열도에 한국식 성을 쌓을 수 있단 말인가. 이는 백제장군들이 후퇴하면서 길목마다 성을 쌓아, 항전의 장소를 일본열도로 옮겨 신라와 당군의 침공에 대비하였던 것이다.

뿐만 아니다. 야마토 왜는 천지왕 6년에, 야마토 지역에서 오우미의 오쯔(近江 大津京)로 왕도를 옮겼다. 백성들은 이런 천도를 원치 않았다. 그럼에도 불구하고 왕도를 옮긴 것은 특별한 이유가 있어서였다. 앞서 보았던, 백제 패망이후 일본열도로 몰려든 백제유민들이 집단적으로 이주한 곳이 바로 오우미 지역이었던 것이다.

천지왕 4년 2월에 오우미국(近江國) 지역에 400여 인, 5년에 동국東國에 2,000여 인, 8년에 백제 장군인 좌평 여자신, 귀실집사 등 700여 인을 오우미국에 옮겨 살도록 했다는 기록이 있다. 오우미는 야마토 지역보다 한반도로부터 멀리 떨어져 있었고 내륙 깊숙한 곳이었다. 조금이라도 안전해지길 바랐던 배려 때문에 오우미가 선택된 것이다.

뿐만 아니라 일본열도로 온 백제의 이주민들이 이 곳 오우미에서 백제에서의 관직을 고려해 비슷한 자리를 얻었고, 땅도 나누어 받았다. 오우미 왕조에서 관직을 받은 백제인이 70명을 넘었고, 많은 장군들이 군의 요직을 차지했다. 그곳에 사찰과 석탑을 세우고 백제문화도 이식했다. 백제인들 중에는 병법과 약을 다루는 능력[解藥]은 물론, 오경五經과 음양陰陽에도 밝은 자들이 많았다. 또한 고관으로 출세하여 일본의 율령국가 건설에 공헌한 인물도 많았다.

이를 어떻게 이해해야 할까? 같은 부모, 형제국이 아닌 이상 감히 취할 수 없는 조치들이었다. 지원군, 백강구 전투, 일본열도로의 피신, 성 쌓기, 오우미로의 천도와 오우미 왕조의 백제인 환대 … 이처럼 백제의 멸망은 야마토 왜로서는 큰 충격이었다. 하늘이 무너지는 느낌이었으리라. 때문에 있는 힘을 다하여 조금이라도 연명해 보려고 필사적인 노력을 기울였던 것이다.

그러나 현실은 냉혹했다. 이 모든 노력에도 불구하고 백제는 멸망했고, 수많은 백제인들이 야마토 왜로 이동하였다. 이러한 사실들은 곧 '야마토 왜는 백제와 불가분의 관계를 맺고 있었다' 라는 점을 확고히 해주고 있었다.

## ⛩ 백제와 야마토 왜

그렇다면 백제와 야마토 왜는 어떤 관계였을까?

고대의 국가(지배)형태를 살펴보는데 분절국가分節國家 Segmentary State라는 방법론이 있다. 분절국가란 의식적인 종주권과 정치적 인 통치권의 범위가 일치하지 않는 국가형태를 말한다. 의식적인 종주권은 주변 지방에 광범위하게 퍼져있는 반면, 정치적인 통치 권은 국왕이 직접 다스리는 중앙에만 한정되어 있는 국가형태다. 그리고 지배계급인 중앙의 국왕과 지방 통치자들은 의식儀式과 혈연, 친족관계로 맺어져 있는 것이다.

중국의 『양서』에 등장하는 백제의 담로擔魯제도는 분절국가 의 좋은 예이다.

> 號所治城曰固麻, 謂邑曰擔魯, 如中國之郡縣也. 其國有二十二擔
> 魯, 皆以子弟宗族分據之.

곧 '그 치소를 고마라 하고 읍을 담로라 하는데 중국의 군현과 같다. 그 나라(백제—필자 주)에는 22담로가 있어 모두 왕의 자제와 종족에게 나누어 다스리게 했다'는 것이다. 백제의 22 담로제도를 소개하였다. 이 기록에 비추어 본다면, 백제와 야마토 왜는 분절국가의 형태였고 야마토 왜는 백제왕족이 다스리는 하나의 담로였음도 추정케 한다.

# 6. 백제로부터 홀로서기를 꿈꾼 '일본'

## ㅠ 임신의 전쟁

백강구 전투 이후의 상황을 좀 더 살펴보자.

백제의 멸망으로 야마토 왜는 자립의 길을 모색해야 했다. 40대 천무왕天武王(673-686)이 그 선두에 섰다. 그는 672년 '임신壬申의 전쟁'에서 승리하여 천황의 자리에 올랐다. '임신의 전쟁'이라 하면 서두에서 큐슈의 난고손 곧 '백제의 마을'로 도망왔던 백제의 왕족이 말했던 정변을 말한다.

671년, 천지왕은 조정 내부에서 후계자로 여겨지던 동생 오오아마(大海人)를 제쳐두고, 아들 오오토모(大友)를 후계자로 삼을 방침을 굳혔다. 그러나 오오아마는 이를 거부하여 이듬해(672년)에 반란을 결의하였다. 오오아마가 공세를 개시하여 오우미의 오츠궁으로 진격하여 대세를 장악했다. 사태가 여기에 이르자 오오토모는 자결했다. 이것이 임신의 전쟁이고, 이 때 권력을 장악한 오오아마가 바로 천무왕이었다.

이 전쟁을 왕위계승을 둘러싼 내부의 변란으로 보는가 하면,

한편에서는 동아시아 국제관계와 관련된 전쟁이라고 주장한다. 곧 신라와 당에 의해 백제와 고구려가 멸망한 직후의 전쟁이기 때문에 한반도의 영향을 받지 않을 수 없었을 것이라는 생각에서였다.

천지왕은 제명왕의 뜻을 이어 백제의 부흥과 원조를 위해 동분서주했다. 그러나 이제 백제가 멸망한 마당에 일본의 정체성이 흔들릴 수 밖에 없었다. 승전국인 신라도 가만히 있을 수 없었다. 국제관계는 바로 이런 신라와 백제 그리고 야마토 왜의 관계를 말함이었다. 천지왕은 백제와 가깝고 천

교토 헤이안신궁의 거대한 도리이.

무왕은 신라와 가까웠다. 천지왕의 후계를 놓고 천지와 천무는 불화했고, 천지왕이 죽자 이것이 폭발했다. 결국 신라에 가까운 천무왕이 정권을 잡은 것이다.

바로 이런 점에 착안하여, 스즈키(鈴木治)는 '당과 신라가 힘을 합쳐 전부터 소문으로 들던 천지와 천무의 불화를 이용하여 천지를 무너뜨리고 괴뢰왕조를 만들었다'고 했다. 최재석 교수도 같은 내용을 지적했다. 오히려 그는 더 적극적으로 해석했다. '신라와 천무가 손을 잡고 천지를 넘어뜨리고 신라의 지시를 따르는, 곧 천무의 정권이 괴뢰

교토의 헤이안신궁의
응천문應天門.

왕조'라 하였다.

문정창의 지적은 더욱 노골적이다. 그는 천무왕조의 기록에 나타난 19회에 걸친 빈번한 신라 왕래를 증거삼아, 아예 '신라계 천무왕'이라 못 박았던 것이다. 정효운은 천무왕의 혈연적 계통을 문제삼았다. 그는 '천무왕이 신라계 도래인인 이즈모계(出雲系)이며 그를 지원한 동국東國의 세력도 신라 도래인 계통이다. 그리고 천무왕이 집권한 이후 30년간은 일본과 신라가 밀월관계에 들어갔다'고 주장하였다.

이러한 사실들로 미루어 볼 때, '임신의 전쟁'은 백제 부흥운동인 백강구 전쟁 다음에 벌어진 국제전쟁이었다. 백강구 전쟁이 한반도를 무대로 했다면, 임신의 전쟁은 일본열도에서 일어난 '일본 고대 최대의 전쟁'인 셈이다. 이 전쟁에서 이긴 천무천황은 전대 이래의 모든 제도를 일신하여 나갔다. 토착화된 귀족세력을 억누르고 중앙집권정책을 강력하게 추진하였다. 새 술을 새 부대에 담는 조치들이었다. 모든 것[백제의 유습]을 새로 바꾸고 새 틀을 짰다. 당연지사, 신라의 후원을 받은 조치들이었다.

## 开 '일본'의 탄생

일본 고래의 의복제도를 금지하고, 『부상략기』에 기록되었던 백제의 의복도 금지했다. 신라복으로 바꾸는 의복령을 제정하고 신라복을 왕족·귀족 등에 하사하여 착용하도록 하였다. 관위제 역시 신라식으로 바꿨다. 문무관文武官 선임제, 호적 및 일력의 제정과 사용, 성씨제 실시, 불교행정의 개혁, 승마제 실시, 국가 기본법(율령:'대보령大寶令') 편찬(701) 등 행정전반을 개혁해 나갔다.

뿐만 아니라 왕경을 조영하고, 도읍도 옮겼다(694). 오우미에서 다시 아스카(奈良縣 高市郡 明日香村)로 바꿨다. 이곳이 바로 '신라의 경주를 본뜬' 왕경王京이었다. 일명 후지와라교(藤原京)라 하였다.

'천황'이란 호칭도 '천황대제'에서 차용하여 공식적으로 사용하기 시작했다. 천황대제는 자미원을 구성하는 자리, 하늘의 성스러운 황제를 말한

교토 전경.
멀리 보이는 산이
교토 동쪽에 있는
히에산이다.

다는 천황대제별인 북극성을 말한다. 천황은 '북신北辰의 별' 곧 북극성을 신령화한 용어였다. 『일본서기』나 『고사기』에는 607년부터 천황칭호가 사용되었지만, 공식화된 것은 이 때 곧 천무조부터였다.

일본열도에서는 지금까지 한반도, 특히 백제와 연결된 역사의 고리를 끊는 '새로운 천황' 중심의 '새로운 역사'가 만들어지기 시작했다. 670년에는 아예 국호도 '일본'으로 바꾸어 버렸다. 『삼국사기』를 보면, 문무왕 10년(670) 12월에 "왜국이 이름을 고쳐 일본日本이라 하고 스스로 '해 나오는 곳에 가까워 이처럼 이름을 지었다.'"고 했다.

## 🜓 새로운 역사 만들기

드디어 한반도(특히 백제)와의 모든 관계를 끊어내고 재정리하는 역사편찬 작업을 시작하였다. 그 결과, 720년 『일본서기』가 편찬되었다. 『일본서기』는 일본 정부에서 편찬한 최초의 정사正史였다. 일본의 신대神代부터 지통왕持統王 때까지(초기-696) 기록되었다. 일본열도로서는 새로운 출발을 위한 첫 발걸음이었던 것이다.

한반도의 흔적, 특히 이제 멸망해 없어진 '큰 나라 백제'의 흔적을 지워나가는 일이었다. 홀로서기는 '새로운 역사 만들기'로 시작되었다. 집안을 만들어 족보를 새로 작성하는 심정이었으리

라. 먼 훗날 후손들의 역사가 어떻게 될까 짐작도 못하고...

　다시 왕경을 바꿨다. 일본 나라분지의 남단인 아스카, 곧 '편안히 잠잘 수 있는 곳'에서 헤이죠교(平城京)로 다시 천도했다. 710년의 일이다. 헤이죠교는 규모면에서는 크나, 구조면에서는 후지와라교와 동일했다. 해가 지나면서 '뿌리를 단절'시키는 왜곡이 더욱 심해졌다. 더욱 절박했던 것일까? 50대 환무왕桓武王(781-806)은 한반도의 흔적을 끊어내기 위한 특단의 조치를 취했다. 수도를 지금의 교토(京都)인 헤이안교(平安京)로 옮긴 것이다(794).

일본 도쿄의 왕궁.

815년에는 고대 일본역사를 지배하던 주요 성씨를 정리한 『신찬성씨록新撰姓氏錄』도 출간되었다. 『신찬성씨록』은 '황별皇別', '신별神別', '제번諸蕃'의 세 부분으로 구성되었다. '황별'은 천황의 자손이고, '신별'이 고천원의 신[天神]과 위원중국葦原中國, 곧 일본열도의 신[地祇]의 자손이다. 그리고 '제번'은 중국과 한국[三韓]의 자손이라 하였다. 일본 지배층이 백제의 혈통임을 숨기고 일본 고유의 성씨를 분리·정리하여 황실의 위엄을 높이고자 시도한 것이다.

그러나 숨기고자 했던 사실이 이 책으로 인해 오히려 드러나 버렸다. 알리고 싶지 않았던 천황가의 비밀이 폭로되어 버린 것이다.

'황별'에 기록된 하나의 예를 보자.

"대원진인大原眞人은 민달敏達왕의 손孫 백제왕百濟王으로부터 나왔다."

"지상량인池上椋人은 민달왕의 손孫 백제왕의 후손이다."

민달왕은 야마토 왜의 30대 왕으로, 재위 첫 해에 백제대정궁百濟大井宮을 지은 왕이었다. 일본 왕실과 지배집단이 백제의 도래인과 관련되었다는 사실이 기록되어 버린 것이다. 이렇듯 『신찬성씨록』 곳곳에는 도래인의 흔적들이 스며들어 있었다.

# 7. 사이토바루 고분군을 바라보며

## 开 사이토바루 고분군

'백제의 마을' 난고손을 보고난 뒤 다시 길을 나섰다. 사이토바루(西都原) 고분군으로 향했다. 난고손에 들어오는 길보다 사이토바루로 나가는 길이 더욱 어려웠다. 운전사조차 혀를 차며 길을 조금씩 나아갔다. 사이토바루 고분군에 도착한 시간은 저녁 6시가 다 되어서였다. 다행히 해가 길어서인지 아직 어둡지는 않았다.

(좌)사이토바루 고분군.크고 작은고분 300여 기가 있다. 일본에서 가장큰 규모이나 피장자가 미스테리이다.히무카국의 무덤이라는 것만 알려져 있다.
(우)사이토바루 고분군의 고분표지석.

사이토바루 고분군은 3-6세기 경에 건조된 것으로, 전방후원분이나 원분 등 여러 가지 양식의 고분이 보이는 일본열도에서도 매우 희귀한 지역이다. 우리나라 경주 고분처럼 크고 웅장하지는 않지만, 311기의 크고 작은 고분들이 여기저기 흩어져 있었다. 이곳은 1952년 일본국의 특별 사적으로 지정되었다.

대부분의 고분이 피장자가 누구인지 확인이 안되고 있는 실정이다. 대정大正(1911~1925)시대 7기를 발굴했으나 이 역시 피장자에 대한 설이 분분할 뿐이었다. 아직까지 과거 히무카국(日向國)의 무덤이라는 것만 알려졌을 뿐 누구의 무덤인지 모르고 있는 것이다. 다만 일본학자들은 '바다에서 들어온 해양세력', '대륙의 도래족'이 조성한 것이라고 추측할 뿐이다. 이처럼 비록 확실한 단정을 내리지는 못하고 있지만 모두 한반도 도래인임을 에둘러 표현하고 있는 곳이기도 하다.

## ⛩ 제81호 전방후원분

사이토바루 81호 고분은 전방후원분前方後圓墳이었다. 전방후원분은 일본 고대사의 최대 미스터리인 고분시대의 대표적 묘제였다. 일본사 시대구분에서 고분시대는 야요이 시대와 아스카 시대 사이에 있다. 그 연대도 확실치 않아 학자에 따라서 서로 달리 설정하고 있는데, 대략 3세기후반·4세기초~7세기전반·8세기초로 잡고 있다.

**특별사적 사이토바루
군분군 안내도(위)와
사이토바루 고분군
중 하나의 무덤(아래)**

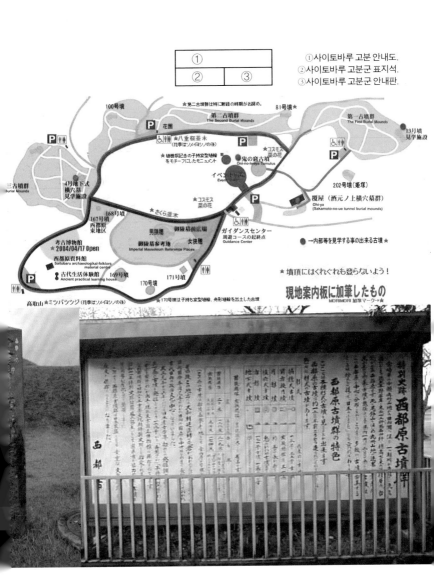

①사이토바루 고분 안내도.
②사이토바루 고분군 표지석.
③사이토바루 고분군 안내판.

그 중에서도 4세기는 고분문화의 절정기였다. 이 시기에 일본열도에는 크고 둥근 봉분(전방후원분)이 여기저기 출현했던 것이다. 약 15만개 정도로 추산되고 있다. 일본 정부와 학계에서는 이러한 거대고분의 존재가 곧 야마토 정권과 통일국가 형성으로 연결되었다고 주장하고 있다. 그러나 확실한 증거는 없는 실정이다.

사실, 현재 일본정부가 왜왕의 묘(천황릉)라 지정한 것들도 애매한 상태이다. 학문적 증거도 없이, 메이지 정부에 의해 차례 차례 왜왕의 묘가 지정되었을 뿐이었다. 그러다 보니 숭신왕의 묘, 경행왕景行王의 묘 지정처럼 추후에 서로 뒤바뀐 사례

(좌)사이토바루 고분군의 81호 고분의 표지석.고분 꼭대기에 설치되어 있다.
(우)81호분. 전방부의 길이는 약19미터 후원부는 약33미터인 전방후원분이다.

도 있었다. '능묘 참고지'(일본정부 지정)라는 우스꽝스러운 형태도 있었다. 이는 특정 왕의 묘에 대한 제 2, 3의 후보지를 말한다.

그런 상황이고 보니, 일본학자들도 '일본의 4세기는 수수께끼의 세기' '불가사의한 신비의 4세기' '공백의 4세기'라 말하고 있다. 이러한 일본의 4세기는 고대국가 기원 문제와도 얽혀 있어 중요하게 다루어지고 있다. 고분시대의 뒤를 이어 야마토 조정이 출현했기 때문이다.

이렇듯 일본 역사에서 4세기 경은 전환점이었다. 그 전까지는 농경적이고 해양 민족적 색채가 강한 야요이(弥生) 문화였지만, 대륙전래의 성격이 강한 고분문화로 바뀌어 개화된 것이다. 그러나 아무리 말해도 명료하지 않은 것만은 사실이다.

그리고 이 4세기말~5세기초는 도래인의 시대이기도 했다. 따라서 기마민족 도래설, 야마토조정 건설자 외래설 등 많은 추측이 난무하기도 한다. 전방후원분도 이 이야기와 맞물려 진행되고 있는 것이다.

참고로 기마민족 국가설을 보자. 이 설을 처음 주장한 에가미 나미오(江上波夫)는 고분시대의 지배자들이 한반도에서 건너온 고대 한국인들이라 보았다. 따라서 고분시대의 전방후원분은 한국인 지배자의 무덤들이라 했던 것이다. 그들이 큐슈의 북쪽에서 야요이 문화를 열고, 동쪽으로 진출하여 야마토 국가를 이루었다는 입장이다. 이 때 한국인 지배자들이란 응신왕과 인덕왕 부자를 말하는 경우가 흔했다. 이들 정복왕이 백제인으로, 동쪽으로 진출해 야마토 왕조를 열었다는 주장이었다. 그러나 일본 학계는 이러한 주장에 쉽사리 수긍하지 않는다.

지금껏 일본 학자들은 전방후원분이 야마토 왜가 위치했던 오사카, 나라 등의 기내畿內 지역에서 처음 나타나 일본 전역으로, 그리고 일본에서 한반도로 전파되었다고 주장했다. 그런데 2005년, 사이토바루 고분군의 81호 전방후원분에서 토기가 출토되었다. 이 토기를 조사한 결과, 3세기의 토기로 확인되었다. 당연히 그 토기가 있던 81호 전방

사이토바루 81호 고분에서 바라본 사이토바루시의 모습.

후원분은 일본 내에서 가장 오래된 고분일 가능성이 높아졌고, 기존의 전방후원분의 전파경로도 수정해야만 했다. 그리고 일본의 역사는 지배자가 큐슈에서 야마토 지역으로 이동하여 세운 역사(동정東征설화)임도 동시에 생각할 필요가 있다.

필자는 지금 그 현장에 서 있는 것이다. 어둑어둑할 무렵, 81호 전방후원분을 마주했다. 가슴이 뭉클했다. 숨겨진 비밀을 드러내어 역사왜곡을 풀 수 있는 진원지도 될 수 있는 곳이기 때문이다.

사이토바루 고분군의 81호 전방후원분 너머로 보이는 마을을 내려다 보았다. 저 곳에 한반도에서 도래한 사람들이 무리를 이루어 살았으리라. 그리고 죽어서 이곳에 묻혀 고분군을 이루었으리라.

생각에 좀 더 잠겼으면 했는데, 그럴 여유도 없었다. 오월의 태양은 얄궂게도 이제 모습을 보이지 않았고 대지는 어두워지기 시작했다. 다시 적막에 잠겼다. 진실이 숨겨진 채 아무 말없는 사이토바루 고분의 역사처럼…. ■

성덕태자가 모노베씨를 멸하기 위해 기원한 결과 건립된 사천왕사.

# ㅠ 에필로그...

한민족은 역사적으로 900번 이상이나 이민족의 침입을 받았다. 그렇지만 적이 강하다고 그냥 손든 적이 거의 없다. 군사적이고 물질적인 힘으로 끝장난 싸움이어도 정신적으로는 끝까지 멸망을 인정하지 않았다. 아마도 그랬다면 벌써 한국은 중국이나 강대국의 부속 지역으로 전락했을 것이다. 압도적인 몽고의 힘 앞에서도 그것을 인정하지 않으면서 38년간 버텼고, 일본 제국주의의 36년간 강점에서도 살아남았다. 그 힘(정신)은 어디에 있었을까? 고대로부터 동방의 한민족은 동북아 역사의 주체민족이라는 자긍심이 결코 무너질 수 없다는 역사·문화적 자존심의 바탕이 되었던 것은 아닐까?

한민족은 동북방의 시원문화인 신교문화를 꽃피웠던 천손족의 후예라는 자존심에서 무서운 열정으로 자신을 지켜낼 수 있었던 것이다. 일본역사의 첫 장은 이러한 한민족과 아주 밀접한 관계에서 형성되었다. 한반도에 터전을 잡았던 한민족이 바다를 건너 조개나 나무를 캐던 일본인들에게 농사를 가르쳤고 문자와 불교 등을 전했다. 일본의 원시와 고대는 이처럼 한반도에서 건너온 사람들이 전한 문명으로 채워졌던 것이다.

그러나 일본 역사교과서에는 "한반도에서 대륙문명이 건너왔다."는 식으로 애매하게 서술되어 있을 뿐이다. '귤이 바다를 건너면 탱자가 된다.' 바다를 건너 개척한 사회와 문화는 다른 성격의 사회와 문화가 되었을 것이다. 그러나 귤이나 탱자나 그 본질은 바뀔 수 없다. 일본문화의 본질을 들여다 보면, 그 근저에는 한민족의 시원문화가 자리하고 있는 것이다.

1992년 일본의 동북구석기문화연구소 후지무라 신이치(藤村新一) 부이사장은 가미타카모리(上高森)의 구릉에서 40만 년 전, 50만 년 전, 60만 년 전의 석기를 잇달아 발굴했다. 일본 석기시대의 최고最古 기록을 연례행사처럼 갱신한 그는 '신의 손'이라 불리웠고, 그의 업적은 1998년부터 고교 역사교과서에 실리기까지 했다. 그런데 그가 몰래 석기 유물을 땅에 묻는 장면을 담은 비디오테이프가 마이니찌(每日)신문에 의해 폭로되어 버렸던 것이다. 상상할 수도 없는 충격적이고 경악할만한 일이었다.

이 날조사건은 그 한 사람만의 잘못일까? 아니다. 일본사회가 한반도보다 늦은 구석기 유적 연대에 대해 커다란 강박관념에 사로잡혀 있었고, 일본사의 연대를 끌어올리려는 역사의 콤플렉스에서 비롯된 것이었다. 곧 일본의 고대사에서 한민족과의 연결고리를 아예 끊어내려는 일본사회의 열망 속에서 개인이 만들어낸 거짓이었다.

분위기가 완전히 다른 또 한명의 일본 학자의 주장을 보자. 오사카대학의 고하마 모토쓰쿠(小浜基次) 교수가 밝히는 과학적 통계의 진실이다. 그는 일본의 모든 마을을 대상으로 1949-1953년에 5만 6천여 명의 두개골 형태를 조사하였다. 그 결과 현대 일본인의 원류가 아이누인(죠몬인의 후예)과 한반도인이라는 사실을 밝혀냈다. 또한 일본 도쿄대학의 하니하라 가즈오(埴原和郎) 교수는 이를 좀더 진전시켜, 컴퓨터 시뮬레이션을 통해 7세기 경 죠몬인 직계자손과 이주민 계통의 인구비가 1 : 9.6 이라는 결론을 얻어냈다. 하니하라 교수의 추정값에 따르면, 고분시대의 일본, 특히 긴키(近畿)지방에 상상할 수 없을 정도로 많은 이주자들이 있었고 이들은 한반도인이라는 것이다.

하니하라는 고하마의 연구결과를 더욱 과학적으로 입증하여 일본인은 단일민족이 아니고 소수의 원주민과 다수의 한반도 이주민 혼혈로 이루어졌다는 사실을 발표하여 일본학계에 큰 충격을 주었다. 더 나아가 제러드 다이아몬드Jared Diamond 교수는 "일본인의 뿌리는 한국"이라고 단정했다. 일본열도로 건너온 이들은 그냥 맨몸으로 갔을까? 아니다. 당연히 동방 한민족의 시원문화를 갖고 갔다. 천손강림의 주인공인 니니기노미코도가 벼이삭과 삼종의 신기를 손에 들고 일본열도로 내려온 것은 이를 상징적으로 보여주고 있다.

일본을 이해하는 굵고 튼튼한 뿌리, 아니 일본문화의 전부라 해도 과언이 아닌 신도神道 역시 동방 한민족의 시원문화인 신교가 일본열도의 동북방 이즈모 지역으로 전해진 것이다. 이후 신도는 변모를 거쳐 수많은 신을 숭배하면서 인간의 불행을 막고 복을 기원하는 일본인의 정신세계의 토양이 되었다. 뿐만 아니라 고조선의 단군왕검 치세기에는 큐슈지역이 한민족으로 가득찼고, 백제 때는 수많은 백제인들이 각각의 지식과 기술을 지니고 도래하여 야마토 지역의 문화를 일구고 불교문화를 이식하여 주었다. 이렇듯 한반도를 빼놓고 일본 고대사를 말할 수 없는 것이다.

날씨가 맑은 날이면 부산에서 맨 눈으로 쓰시마를 볼 수 있다. 단순히 지리적으로 가까운 것만이 아니다. 부산의 해안에서 뗏목을 띄우면 해로를 따라 큰 풍랑을 만나지 않고 저절로 닿는 곳이 쓰시마 섬이다. 이즈모 지역도 경북 포항과 바닷물길이 서로 연결되어 있다. 고대에 이러한 물길은 문화의 고속도로 역할을 했다. 쉽게 건너갈 수 있었던 쓰시마 섬에서 그다지 멀지않은 거리에 이키섬이 있고, 이키섬을 거쳐 작은 섬들을 따라 항해하면 큐슈 북부해안에 닿는다. 한반도 남부와 동해 남부에 살던 이들은 고도의 항해술이나 조선술이 없더라도 쉽게 큐슈 북부와 이즈모 지역으로 건너갈 수 있었던 것이다.

고천원에서 뿌리의 나라, 어머니의 나라인 한반도를 그리워했던 스사노오노미코도, 신라의 소시모리에서 이즈모로 배를 타고 건너간 스사노오 신화, 그리고 연오랑·세오녀 설화, 단군조선부터 백제 때까지 걸쳐 일본열도로 물밀 듯이 몰려든 한민족에 대한 역사기록들은 모두 한반도와 일본열도가 문화 고속도로로 연결되었음을 보여주는 내용들이다. 그러나 중국의 경우는 구로시오(黑潮) 해류가 남중국해에서 태평양으로 빠르게 흘러가므로 거친 해류를 건너 일본에 닿기가 어려웠다. 중국은 한반도처럼 일본과 직교류 해상로를 열 수 없었던 것이다. 그럼에도 불구하고 애서 한반도와의 밀접한 관계를 부정하려는 일본의 태도는 일본 고대사를 또 다시 왜곡하는 것이 된다.

일본의 저명한 민예연구가 야나기 무네요시(柳宗悅)가 "일본국보는 한국의 국보"라 했듯이 한반도의 영향은 압도적이었다. 그런데 앞서 보았듯이 일본의 역사교과서처럼 애매한 언급으로는 일본 고대사가 도저히 이해되질 않는다. 일본 고대사에 대한 글을 마치면 마칠수록 일본열도속에 고대 한민족의 위상이 더욱 뚜렷해져 갈 뿐이다.

# 『삼국지』'위지 왜인전'과 야마타이국

『삼국지三国志』의 「동이전東夷伝」에는 왜倭 및 왜인倭人에 대한 기록이 있다. 당시 왜에는 야마타이국邪馬壹国을 중심으로 한 소국연합小国連合이 존재하였고, 또 야마타이국에 속하지 않은 나라도 존재했다고 기록되어 있으며, 그 위치·관명官名, 생활양식에 대한 기록도 보인다. 또 당시 왜인의 풍습 및 동식물의 상태가 어느 정도 판명되며, 야요이弥生 시대 후기의 일본을 아는 제1급 자료로 볼 수 있다. 그러나 당시의 일본열도의 상황을 정확하게 전하고 있지 못하는 한계도 있어, 다양한 해석이 가능하다. 때문에 야마타이국에 관한 논쟁의 원인이 되기도 한다. 또 한편에서는 오카다岡田英弘 등은 이 사료史料의 가치를 의심하기도 한다. 그들은 위치 관계 및 이정里程에 문제가 커서 신뢰성을 결여하고 있다는 점을 지적한다.

왜국의 상태와 야마타이국까지 가는 방법을 「위지 왜인전」에 의하면, 왜인은 산과 섬(山島)으로 둘러싸인 국읍国邑으로 되어 있고, 이 당시에는 30개 국이 사신(使者)으로 통해 있다. 야마타이국까지 가는 길의 국명国名 및 관명官名을 보면 다음과 같다.

1. 대방군帶方郡에서 왜국倭国에 이르는 데는 물길(水行)로 해안海

岸을 돌아 한국韓国을 거쳐 남南으로 동東으로 7000여리로, 왜국의 북쪽 해안(北岸)의 구야한국狗邪韓国에 도착한다(「從郡至倭, 循海岸水行, 歷韓國, 乍南乍東, 到其北岸狗邪韓國七千餘里」).

2. 처음 바다(海)를 1000여리 건너면 대해국対海国에 이른다(「始度一海千餘里, 至對海國」). 대관大官은 히코卑狗, 부관副官은 히나모리卑奴母離이다. 절도絶島로 400여 리 사방四方의 넓이이다. 1000여 호戸가 있다. 산山이 험하고 길(道)은 짐승이 다니는 길(獸道)과 같고, 숲(林)이 깊고 옥토(田畑)가 없으며, 해산물로 자활自活하고 있다.

3. 또 남南으로 한해瀚海이라 불리는 바다(海)를 1000여리 건너면 일대국一大国에 이른다(「又南渡一海千餘里, 名曰瀚海, 至一大國」). 관官은 대마국対馬国과 같다. 300여리 사방四方의 넓이이다. 대나무(竹), 나무(木), 풀숲이 많다. 3000 가족이 산다. 밭(田畑)은 있지만 충분치 않다.

4. 또 바다를 1000여리 건너면 말로국末廬国에 다다른다(「又渡一海千餘里, 至末盧國」). 4000여 호戸가 있다. 초목草木이 우거져 앞에 가는 사람이 보이지 않는다. 바닷고기 및 조개를 잡고 모든 사람이 물질을 한다.

5. 동남東南으로 500리 뭍으로 가면(陸行) 이토국伊都国에 도착한다(「東南陸行五百里, 到伊都國」). 장관長官은 니키爾支, 부관副官은 세모코泄謨觚와 헤구코柄渠觚이다. 1000여 호戸가 있다. 왕王이 있으며 모

두 여왕국女王国에 속한다. 대방군帶方郡의 사자使者가 왕래할 때 항상 주재駐在하는 곳이다.

6. 동남東南으로 100리 가면 노국奴国에 이른다(「東南至奴國百里」). 장관長官은 시마코兕馬觚, 부관副官은 비노모리卑奴母離이다. 2만여 호戶가 있다.

7. 동東으로 100리 가면 후미국不弥国에 이른다(「東行至不彌國百里」). 장관長官은 다모多模, 부관副官은 비노모리卑奴母離이다. 1000여 가족이 있다.

8. 남南으로 물길(水行)로 20일 가면 투마국投馬国에 이른다(「南至投馬國水行二十日」). 장관長官은 미미彌彌, 부관副官은 미미나리彌彌那利이다. 대략 5만여 호戶가 있다.

9. 남南으로 물길(水行)로 10일日, 뭍(陸行)으로 1개월 가면 여왕女王의 도시(都)인 야마타이국에 이른다(「南至邪馬壹國, 女王之所都, 水行十日陸行一月」). 관官에는 이지마伊支馬, 미마승弥馬升, 미마획지弥馬獲支, 노가제奴佳鞮가 있고 대략 7만여 호戶가 있다.

그 외의 나라(国)들도 있다. 여왕국 보다 북쪽(北方)에 있는 대해국対海国, 일대국一大国, 말로국末盧国, 이토국伊都国, 노국奴国, 후미국不弥国, 투마국投馬国, 사마일국邪馬壱国 외에, 멀리 떨어져 있어 국명国名밖에 알 수 없는 나라로 사마국斯馬国, 기백지국己百支国, 이사국伊邪国, 도지국都支国, 미노국彌奴国, 호고도국好古都国, 불호국不呼

国, 저노국姐奴国, 대소국對蘇国, 소노국蘇奴国, 호읍국呼邑国, 화노소노국華奴蘇奴国, 귀국鬼国, 위오국爲吾国, 귀노국鬼奴国, 사마국邪馬国, 궁신국躬臣国, 파리국巴利国, 지유국支惟国, 오노국烏奴国, 노국奴国이 있고, 여왕국은 이러한 20여개 나라를 지배하고 있다. 일본열도 전체에는 연합영역連合領域 외의 나라들도 있고, 특히 남南쪽의 구노국狗奴国의 남왕男王 히미궁호卑弥弓呼와는 불화不和로 전쟁상태에 있었다. 여왕국女王国 북방의 모든 나라에는 「일대솔一大率 (혹은 일지솔一支率) 」이라는 관官이 설치되어 여러 나라들을 감시하고 있다. 일대솔은 이토국伊都国에 있고, 위魏의 자사刺史와 같은 역할을 맡고 있다. 이토국은 외교의 중심지로 위魏 및 한韓의 사절使節들은 여기에 정박停泊하였다.

이 자료를 근거로 야마타이국은 2세기 후반에서 3세기 전반까지 여왕 히미코卑弥呼가 지배하고 위魏에 사절을 보냈던 당시 왜로서는 가장 큰 국가로 알려졌다. 그러나 그 위치에 대해 야마토大和설과 큐슈九州설로 나뉘어 논쟁이 있다(笠井新也,「邪馬台国は大和である」,『考古學雜誌』). 또한 다음으로 큰 나라였던 토우마국投馬國의 위치 비정도 큐슈설과 기비吉備설, 이즈모出雲설 등으로 나뉘어 있는 실정이다(三品彰英,『邪馬台国研究總覽』; 山尾幸久,『日本古代の國家形成』,『古代王權の原像』, 學生社, 2003; 山田孝雄,「狗奴國考」; 末松保和,「魏志倭人傳解釋の變遷－投馬國を中心として」.)

# 소도

소도에 관한 기록은 『진서晉書』『후한서』『삼국지』에 수록되어 있는데 그 내용은 큰 차이가 없다. 『삼국지』「위지 동이전魏志東夷傳」(마)한조韓條를 보면, "나라의 읍락에서는 천신에게 제사를 지낸다. 이때 한사람을 천군天君으로 세워 제사를 주관하게 하였다. 여러 나라에 각기 별읍別邑이 있어 이를 소도라 부르고, 큰 나무를 세워 방울과 북을 달아놓고 신을 섬긴다. 도망자가 이곳에 이르면 돌려보내지 않아 도둑질을 일삼았다. 소도를 세운 뜻은 부도浮屠와 같은 점이 있으나 선과 악을 행하는 것에는 서로 차이가 있다"라고 했다.

이러한 소도에 대해서는 여러 가지 입장들이 있다. 우선 소도를 신단으로 보는 입장으로, 소도를 수두로 보는 단재 신채호가 대표적인 인물이다. 그는 "태백산의 수림을 광명신의 서숙소棲宿所로 믿어, 그 뒤에 인구가 번식하여 각지에 분포하면서, 각기 거주지 부근에 수림樹林을 길러 태백산의 것을 모상模像하고 그 수림을 이름하여 '수두'라 하니 '수두'는 신단神壇이란 뜻이다. 매년 5월과 10월에 '수두'에 나아가 제祭를 올릴 때 1인을 뽑아 제주祭主를 삼아 수두의 중앙에 앉히어 '하느님' '천신'이라 이름하고 여러 사람들이 제를 올리고 수두의 주위에는 금줄을 매어 한인閑人의 출입을 금한다."고 주장하였다(신채호, 『조선상고사』). 곧 소도는 수두이고 수림을 뜻하는 동시에 거기에 있는 신단을 의미한다. 이러한 수두에는 무사적 존재도 있고, 단군은 수두를 관장하는 수두하느님 곧 천군을 의미한다는 주장이다.

다음으로 소도를 부락 읍락의 원시적 경계표시인 신간神竿으로 보는 입장이다(손진태). 이는 소도에 '큰 나무를 세웠다'[立大木]는 기록을 중시한 것이다. 이와 유사한 주장으로 소도는 입목立木·간목竿木을 나타내는 '솟대'·'솔대'에서 온 말(이병도)로 읍락의 원시 경계표로서, 신체 혹은 제단으로 건립되는 대목大木의 명칭이라는 주장도 있다. 만주족의 제례의식을 보면 제례의식의 최종 단계가 바로 제천의식이었고, 이때 세우는 신간神竿을 '색마간자索摩杆子 suomo ganzi'라 하였다. 이는 마한의 '소도'의 음과 비슷하며 이 때 사용하는 방울[神鈴]과 북[鼓]도 마한의 영고鈴鼓와 흡사하였다.

마지막으로 소도, 곧 군장사회의 천군天君이 제사장으로서의 임무를 수행한 별읍이 야산이나 구릉지대를 말한다고 보는 입장이다(김정배). 이러한 입장에서 소도는 일정크기 규모 집단이 들어설 수 있는 장소로서 평야나 들을 끼고 있는 조그마한 야산과 그 주위로, 제의가 행해지는 신성지역이며 별읍이 바로 성역이 된다. 이러한 신성구역인 소도는 서양의 도피성逃避城 saylum과 같은 내용을 지닌다. 더 나아가면 소도가 있던 장소가 나중에 바로 절로 전환되었다고 주장한다. 일본 쓰시마(對馬島)에서는 이러한 제의 관련 신성구역을

솟도(卒土 そっど)라 하여 소도가 일본으로 건너가는 징검다리로 위치지을 수 있다. 일본학계에서도 일반적으로 높은 산록山麓의 울창한 밀림지대거나 그다지 높지 않은 언덕의 숲으로 본래는 사전社殿도 없고 신체神體도 없고, 다만 일정한 지역의 경내를 신성한 영지로 생각하여 대단한 금기를 지키며 이를 숭앙하는 모습을 일본신도의 원시적인 형태를 보유하는 것이라 하여 주목하고 있다.

동경대학의 구메 구니다케 교수도 이런 모습에 주목하여 '신사'는 '소도蘇塗'와 같다고 하였다. 따라서 일본에서는 옛날에 신사의 사전社殿이 없었고 수풀속에 신이 있다는 관념에서 큰 나무를 제사지냈던 것이다. 이 때 신단, 제사를 모시는 제단이 곧 히모로기였다. 오늘날도 일본의 신궁·신사를 보면 큰 나무들이 숲을 이룬다. 일본 고유의 것이라고 자랑하는 신사神社문화가 신교의 소도蘇塗제사문화에 지나지 않는 것이다. 그 한 가지 예로 일본인들이 신교 신앙성지인 소도蘇塗를 도소塗蘇라 바꿔 매년 설날 아침에 마시는 술도 '도소자께(塗蘇酒)'라고 하는 것이나, 솟대의 모습을 한 새가 앉아 있는 신사의 도리이(鳥居)에서도 그 흔적이 나타난다. 뿐만 아니라 신사에 가면 어디에나 걸려있는 시메나와(注連繩)에서도 소도에 설치된 금줄의 모습이 보인다.

최남선도 '일본의 신도가 천제의 옛 풍속'이라는 이러한 입장에 동의했다. 그는 태곳적부터 존재한 신도, 일본 고유의 종교라 알려진 '신도가 고신도古神道에 다름 아니다'라 했다. 고신도는 고대 한민족이 천신을 모셨던 천제를 말함이다. 삼신을 받드는 제천의례를 뜻한다. 천신 곧 삼신상제를 모시는 제천의 옛 풍속이 일본으로 전해진 것이다. 흉노에서도 이러한 풍습이 있었다. "천제天帝를 형상[像]한 동인銅人을 휴도라 이름하니 곧 수두의 역譯이다. 휴도의 제祭를 맡은 자를 휴도왕이라 하여 또한 단군이란 뜻과 비슷하며 휴도에 삼룡三龍을 사祠하니 용은 또 신을 가리킨 것이니 삼룡三龍은 곧 삼신"이라 하였다.

이렇듯 소도는 우주의 삼신상제께 천제를 올리는 터전이었다. 그리고 그러한 소도제천의 주재자를 천군이라 불렀던 것이다. 천군은 제정일치 시대의 제정일치적 군장과는 달리 제천만을 담당하는 주재자이면서 어떤 점에서 군장세력을 견제한다고 볼 수 있는 자신만의 세력권, 즉 소도를 다스리는 권력자였다고 볼 수 있다. 소도제천을 할 대에는 가무새신歌舞賽神이 이루어진다. 『삼국지』 위지 동이전魏志東夷傳 한조韓條를 보면, "항상 5월에 하종下種이 끝나면 귀신을 제사하는데, 무리지어 가무歌舞하고 음주飮酒하면서 주야晝夜로 쉬지 않는다. 그 춤은 수십인이 함께 일어나 서로 따르며 땅을 밟으면서 몸을 굽혔다가 일으켰다가 하는데, 손발이 상응相應하며 절주節奏하는 모습이 탁무鐸舞와 유사하다. 10월에 농사가 끝나면 역시 같이 한다."고 했다.

뿐만 아니라 『태백일사』를 보면, "소도를 세운 곳에서는 모두 계율을 두었다. 충성, 효도, 믿음, 용맹, 사랑(忠·孝·信·勇·仁)의 오상의 도(五常之道)가 그것이다. 소도의 곁에는 반드시 경당扃堂을 세워 미혼자제로 하여금 사물을 익히게 하였는데 이는 독서, 활쏘기, 말달리기, 예절, 가악歌樂, 권박(검술을 겸함)으로 육예六藝의 종류였다." 이것을 후한서 동이전 에는 "그들은 씩씩하고 용맹하며 소년시절에도 집을 짓는 자가 있다(其人壯勇, 少年有築室作力者)"고 한 것이다. 초대 단군 때 진한과 번한에 설치되었고 11세 도해 단군 때는 삼한 전역에 제도화되었는데 낭가정신의 유풍이 크게 성盛하게 되었다.

소도蘇塗와 경당의 관련성은 삼국지 의 기록에서도 확인된다. "소도를 세운 뜻은 부도의 그것과 같다(立蘇塗之義有似浮屠)"라고 한 기록이다. 이는 신사의 구역을 정하여 그 두레 안에서 신앙 생활을 하며 홍익인간의 가르침을 행하는 것은 불교와 흡사하다는 것이다. 경당의 학문은 문무를 겸비(文武並進)한 인재를 양성하는 일이었다. 게다가 삼한시대에는 읍락마다 자체적으로 삼로三老를 두었는데, 이를 삼사三師라고도 했다. 어진 덕이 있는자[有賢德者]와 재물을 베푸는 자[有財施者], 사리를 잘 아는 인물[有識事者]을 스승처럼 섬기는 것이다. 또한 보필자[賢佐], 충신忠臣, 어진 장수[良將], 용감한 병사[勇卒], 훌륭한 스승[明師], 덕있는 친구[德友]의 육정六正이 있었다.

# 시메나와와 용

신사의 시메나와를 용이라 할 경우에는 다음의 한반도에서 줄다리기와 용신앙을 참조할 필요가 있다.

백제의 땅, 호서, 호남지역에서는 정월 대보름날과 2월 초하루에 하늘의 용을 맞이하여 놀이를 즐기는 줄다리기의 농경의례를 거행하는 관습이 있다. 이 농경의례의 대상은 천룡天龍이다. 정월 열나흘날 밤 자정 무렵 하늘의 용을 마을의 천룡당에 가서 강신을 시키는 천룡제를 지내고, 그 이튿날 그 천룡은 마을에 출현을 한다. 마을사람들은 집집마다 볏짚을 양손에 들고 마을공터에 모여들고 줄다리기 놀이를 위한 용줄만들기를 시작한다.

외줄이나 쌍줄로 용의 형상을 만든다. 용줄이 만들어 지면서 마을에 천룡이 등장하고 주민들은 천룡과 함께 신화적인 행위로서 판굿을 벌인다. 줄은 천룡天龍을 형상화한 것이다. 용줄의 제작은 마을공간에 용의 출현을 의미한다. 그 용은 하늘에서 천룡당으로 내려온 천룡이다. 천룡은 운중발룡雲中發龍하는 존재로서 바람과 구름속에서 조화를 일으켜 비를 만들어주는 영물로 신성시하고 믿어왔다. 판굿은 굿놀이형 천룡제(당산제)를 말한다.

천룡제는 마을사람들은 용을 볏짚으로 만들어 마을에 용을 출현시키고 용놀이를 즐기는 방식이다. 용놀이의 대상인 용신은 그

본향이 하늘이다. 천룡이 지상으로 내려와 형상화하는게 용줄이다. 천룡天龍을 맞이하고(迎神祭), 즐겁게 향응을 베풀고(娛神祭), 용을 승천시키는(送神祭) 의미를 갖고 있는게 천룡제이다. 용의 승천과 영등은 같은 용등龍登이라 할 수 있다. 영등靈登은 용龍의 영적靈的 존재存在에 대한 인식이다. 농민들이 용의 신적·영적 존재에 대한 인식은 우순풍조雨順風調의 조화調和와 강우능력降雨能力을 갖고 있기 때문이다. 의례의 대상은 당연히 천룡신天龍神이다.

용의 형상은 볏짚으로 만드는데 외줄과 쌍줄로 만든다. 외줄은 줄머리 부분을 용의 형상으로 만드는데 비하여 쌍줄은 청룡과 황룡을 상징하는 암수(雌雄:陰陽)의 쌍줄이다. 쌍줄은 암수의 줄을 연결하기 위하여 줄머리를 고의 형태로 만든다. 외줄은 줄머리를 용두龍頭 형태로 만들고 쌍줄은 고의 형태로 만든다. 쌍줄다리기는 고싸움놀이라 부르기도 한다. 줄다리기 놀이를 마치고 나면 줄의 처리를 끝으로 천룡제를 마친다.

줄의 처리는 당산나무에 둘러놓는 방식과 당산입석에 감아놓는 방식과 짐대에 둘러놓는 방식이 있다. 용줄을 감아놓는 나무와 돌 모두가 수직적 신체이다. 신체의 수직성은 하늘과 땅을 연결하는 우주적 상징cosmic symbol을 보여준다. 신산과 신대는 신의 통로 기능을 한다. 이러한 수직적인 통로는 천룡이 하강하고 승천하는 길이기도 하다. 이러한 방식은 드문 일인데 주민들이 천룡天龍보다는 용

蛇龍蛇에 대한 신관념을 보여준다. 지역에 따라 줄을 처리하는 방식이 다르지만 전라북도 지방에서는 미륵신앙의 영향을 받아서인지 대체로 용줄을 당산입석(나무)에 감아올리는 방식을 취한다.(송화섭, "백제의 제의와 사상을 읽는 두 코드 : 관음과 미륵" 에서 )

# 찾아보기